Повышение роли Шардаринской многоцелевой водохозяйственной инфраструктуры в Казахстане

ОЭСР
ЛУЧШАЯ ПОЛИТИКА ДЛЯ ЛУЧШЕЙ ЖИЗНИ

Настоящий документ и любые содержащиеся в нем данные и карты не затрагивают статуса территорий и их суверенитета, делимитацию государственных границ и пограничных линий, а также названия территорий, городов и областей.

При цитировании просьба ссылаться на настоящую публикацию:
OECD (2018), *Повышение роли Шардаринской многоцелевой водохозяйственной инфраструктуры в Казахстан*, OECD Publishing, Paris.
https://doi.org/10.1787/9789264310063-ru

ISBN 978-92-64-31005-6 (печатное издание)
ISBN 978-92-64-31006-3 (pdf)

Статистические данные по Израилю предоставлены компетентными органами Израиля под их ответственность. Использование этих данных ОЭСР не является отражением предвзятого отношения к статусу Голанских высот, Восточного Иерусалима и израильских поселений на Западном берегу согласно нормам международного права.

Сведения об авторах фото: см. обложку © Taro Yamada/Corbis, © Jesper Karup Pedersen.

Предисловие

Настоящее исследование было выполнено в рамках проекта «Экономические аспекты управления водными ресурсами в странах ВЕКЦА: поддержка выполнения программы управления водными ресурсами в Казахстане» (*Economic Aspects of Water Resource Management in EECCA Countries: Support to the Implementation of the Water Resources Management Programme in Kazakhstan*), выполненного в 2015-16 годах в соответствии с соглашением о сотрудничестве между Казахстаном и ОЭСР и Страновой программой ОЭСР для Казахстана, разработанной и утвержденной в марте 2015 года. Данная работа не была бы выполнена без финансовой поддержки Правительства Казахстана, Европейского союза, Правительств Норвегии и Германии, за которую выражается глубокая признательность.

Настоящий итоговый отчет был подготовлен в рамках проекта с целью предоставления информации и оказания содействия национальному диалогу о водной политике (НДВП) в Казахстане, который проводится в сотрудничестве с Водной инициативой Европейского союза (ВИЕС) при содействии ОЭСР/Специальной рабочей группы действий по *«зеленой»* экономике (бывшей СРГ ПДООС) и ЕЭК ООН.

Настоящий отчет состоит из двух частей. В части I представлены полученные результаты и рекомендации, выработанные в рамках настоящего исследования. В части II представлена информация о международном опыте управления многоцелевыми водохозяйственными инфраструктурами и их эксплуатации.

Авторами настоящего отчета являются д-р Йеспер Каруп Педерсен (Jesper Karup Pedersen), г-н Миккел А. Кроманн (Mikkel A. Kromann) (представляющие датскую фирму COWI) и д-р Адитья Сood (Aditya Sood) из IWMI, при участии г-жи Ассель Кенжеахметовой и д-ра Анатолия Рябцева, казахстанских специалистов. Ответственным за обеспечение качества работ являлся г-н Михаэль Якобсен (Michael Jacobsen) (COWI).

Авторы выражают благодарность г-ну Александру Мартусевичу (секретариат Специальной рабочей группы действий по *«зеленой»* экономики), осуществлявшему руководство проектом, за полезные идеи и комментарии.

Авторы также выражают благодарность всем сотрудникам Комитета по водным ресурсам, «Казводхоза» и Акимата Южно-Казахстанской области, которые внесли вклад в проект и составление отчета, предложив идеи, данные и информацию, и различную помощь. В частности, авторы благодарны следующим специалистам: Ердос Кульжанбеков (Комитет по водным ресурсам), Мейрбек Егенов («Казводхоз» Южно-Казахстанской области), Карл Анцельм (Агентство по гидрологии Южно-Казахстанской области), Абдухамид Уразукелдыев («Южводстрой») и Полатбай Тастанов (Акимат Южно-Казахстанской области) – за ценный вклад в проект и итоговый отчет. Авторы также благодарны г-же Жанар Маутановой и её коллегам из «Центра водных инициатив» за помощь в организации семинара с участием экспертов и встреч в рамках диалога о водной политике, на которых были представлены основные результаты и предварительные рекомендации и было проведено их обсуждение. Авторы выражают глубокую признательность участникам вышеупомянутых встреч за их мнения и ценные комментарии.

И наконец, авторы благодарят Марию Дюбуа (Maria Dubois) и Лупиту Йохансон (Lupita Johanson), сотрудников секретариата ОЭСР, Марка Фосс (Mark Foss), редактора английского оригинала отчета, и Екатерину Козлову, редактора русского перевода отчета, а также Петера Вогелпул (Peter Vogelpoel, верстка макета брошюры) за ценный вклад в подготовку этой публикации.

Необходимо отметить, что авторы отчета несут полную и исключительную ответственность за анализ, изложение информации и возможные ошибки и пропуски.

Настоящий отчет, а также включенные в него данные и карты не выражают какого-либо мнения или суждения относительно статуса или суверенитета любой территории, делимитации международных границ и наименования любой территории, города или района.

Точки зрения, представленные в настоящем отчете, отражают мнение авторов и ни в коем случае не могут рассматриваться как отражающие официальное мнение Правительства Казахстана, Европейского союза (ЕС), Правительств Норвегии и Германии, ОЭСР или правительств стран – членов ЕС и ОЭСР.

Содержание

Рисунки

Таблицы

Вставки

Сокращения и термины

АБР	Азиатский банк развития
АВП	Ассоциация водопользователей
Акимат	Администрация района, муниципалитета или области
АфБР	Африканский банк развития
АФЭСР	Арабский фонд экономического и социального развития
БВО	Бассейновое водохозяйственное объединение
ВВП	валовой внутренний продукт
ВЕКЦА	Восточная Европа, Кавказ и Центральная Азия
ВИЕС	Водная инициатива Европейского союза
ВСиВО	водоснабжение и водоотведение
га	гектар
га-м^2	гектар в квадратных метрах
ГБР	*Kredistanstadt fur Wiederaufbau* (Германский банк развития)
ГВП	Глобальное водное партнёрство
ГВт·ч	гигаватт-час
ГЭС	гидроэлектростанция
долл. США	доллар США
ЕБРР	Европейский банк реконструкции и развития
егип. фунт	египетский фунт
ЕИБ	Европейский инвестиционный банк
ИБР	Исламский банк развития
инд. рупия	индийская рупия
Каз. ССР	Казахская Советская Социалистическая Республика
Казводхоз	государственное предприятие «Управление водным хозяйством Казахстана»
КВР	Комитет по водным ресурсам (в составе Министерства сельского хозяйства Казахстана)
кВт·ч	киловатт-час
км	километр

м³/с	кубических метров в секунду
МЦВИ	многоцелевая водохозяйственная инфраструктура
МВт	мегаватт
МВт·ч	мегаватт-час
Минводхоз	Министерство мелиорации и водного хозяйства
МКБП	Международная комиссия по большим плотинам
МКВК	Межгосударственная координационная водохозяйственная комиссия
МВКС	Межведомственный координационный совет
Мл	мегалитр
НДВП	Национальный диалог о водной политике
НПУ	нормальный подпорный уровень водохранилища
НЭК	Национальная электрическая корпорация
ОХД	обычный ход деятельности *(название сценария)*
ОЭК	Алматинская объединенная энергетическая компания
ОЭСР	Организация экономического сотрудничества и развития
ПДООС	Программа действий по охране окружающей среды
ПИС	право интеллектуальной собственности
ППАИК	Пилотная программа по адаптации к изменению климата
ТВт·ч	тераватт-час
ТГ	турбинный генератор
тенге	национальная валюта РК
шри-л. рупия	шри-ланкийская рупия
ЭС	электростанция
ЮАР	Южно-Африканская республика
ATMA	Agricultural Technology Management Agency (Агентство по управлению сельскохозяйственными технологиями)
BHA	Водохозяйственная ассоциация бассейнов рек Сырдарья и Амударья
BOAD	Западно-африканский банк развития
CAPEX	Capital expenditure (капитальные затраты)
CIDA	Министерство международного сотрудничества Канады
EEM	Eskom Energie Manantali
FOPEX	Fixed OPEX (gостоянная часть текущих затрат)
GENI	Институт по глобальным энергетическим системам
IBA	Important Bird Area (ключевая орнитологическая территория)

IBLA	International Bird Life Agency (Международная организация по защите птиц и сохранению их среды обитания)
IWMI	Международный институт управления водными ресурсами
MVM	Magyar Villamos Muvek, Reszvenytarsag (Венгерская электротехническая компания)
ORC	Ord River Cooperative (Кооператив реки Орд)
OMVS	Organisation pour la mise en valeur du fleuve Sénégal (Организация по развитию реки Сенегал)
OPEX	Operational expenditure (текущие затраты)
SOGEM	Société de gestion de l`énergie de Manantali (Компания по управлению энергоресурсами Манантали)
WHAT-IF	Water-Hydropower-Agriculture Tool for Investments & Financing (инструмент для инвестиций и финансирования секторов водоснабжения, гидроэнергетики и сельского хозяйства – специальная компьютерная модель для экономической оценки МЦВИ, разработанная в рамках данного проекта)
WSI	индекс водообеспеченности

Резюме

Более 8 000 крупных многоцелевых водохозяйственных систем (далее – многоцелевая водохозяйственная инфраструктура, МЦВИ) по всему миру вносят вклад в экономическое развитие, в обеспечение водной, продовольственной и энергетической безопасности. Они охватывают всю рукотворную водохозяйственную инфраструктуру, включающую плотины, дамбы, водохранилища и связанные с ними оросительные каналы и водораспределительные сети. МЦВИ является не только многоцелевой по своему назначению, но также затрагивает множество заинтересованных сторон и секторов.

Для МЦВИ, предоставляющей услугу орошения, инвестировать в водосбережение и экономическую рентабельность сельского хозяйства считается наилучшим способом повышения вклада в экономическое развитие и достижения более высокого уровня продовольственной, водной и энергетической безопасности. Повышение экономической отдачи от сельского хозяйства (прибыли в расчете на гектар) обычно способствует повышению экономической продуктивности водных ресурсов. Это в свою очередь делает возможным и привлекательным для фермеров привлечение их финансовых средств в повышение продуктивности использования водных ресурсов.

Менее очевидно то, как разработать инвестиционную программу развития определенной МЦВИ, чтобы обеспечить высокую экономическую отдачу от инвестиций и потенциально высокую инвестиционную привлекательность? О каких инвестициях должна идти речь, и в каком порядке их делать? В 2016 году в рамках одного из проектов данный вопрос поднимался в отношении **Шардаринской МЦВИ**, расположенной в бассейне Нижняя Сырдарья в Южно-Казахстанской и Кызылординской областях Казахстана.

Основные выводы

В рассматриваемом регионе наблюдается относительное изобилие воды в сравнении с имеющимися пригодными для сельскохозяйственного использования земельными угодьями. Необходимы существенные капиталовложения для превращения земель, ныне непригодных для сельскохозяйственного использования, в угодья, пригодные для выращивания сельскохозяйственных культур. Требуемый капитал может быть привлечен из собственных средств фермеров, поскольку их прибыль будет расти с повышением экономической рентабельности сельского хозяйства (а, следовательно, и экономической продуктивности водных ресурсов). В краткосрочной перспективе, возможно, потребуется государственная поддержка инвестиций в системы орошения, поскольку доступ фермеров Казахстана к рынкам капитала ограничен.

- Инвестиции в модернизацию (облицовку) Кызылкумского канала (для сокращения потерь воды на инфильтрацию – *прим.ред.*) не окупаются сегодня, но могут стать окупаемыми в будущем: в настоящее время водообеспеченность довольно высокая по сравнению с имеющимися участками земли, пригодными для сельскохозяйственного использования. Таким образом, увеличение доступных объёмов воды после облицовки канала не даст заметных результатов с точки зрения продуктивного использования дополнительных объемов воды.

- Существенное сокращение объёмов воды в будущем может повысить привлекательность модернизации Кызылкумского канала с экономической точки зрения. А сохраненная вода может быть использована для предотвращения сокращения посевных площадей.

- Инвестиции в повышение эффективности внутрихозяйственного водопользования за счет капельного орошения не окупятся. Водосбережение за счет капельного орошения довольно незначительно по сравнению с требуемыми инвестициями и операционными затратами.
  - Однако, возможное повышение урожайности благодаря капельному орошению (данный аспект не был изучен в рамках настоящего проекта) может сделать такие инвестиции экономически выгодными.
- Инвестиции в расширение или восстановление дренажных систем (напр., прочистка дренов в полях, дренажных колодцев и основных дренов) окупятся, поскольку при снижении засоленности почвы повышается урожайность и экономическая рентабельность земельных угодий. В то же время, увеличение урожайности приводит к увеличению чистой прибыли фермеров, чьи поля оснащены дренажной системой.

Основные рекомендации

Для дальнейшего развития Шардаринской МЦВИ Правительство Казахстана может придерживаться следующего курса:

- Прежде всего, рекомендуется сосредоточить усилия на повышении рентабельности сельского хозяйств, дополненном повышением продуктивности водных ресурсов:
  - Инвестиции в дренажные системы в ближайшие 15-30 лет. Это приведет к увеличению прибыли фермеров, что позволит Правительству Казахстана повысить тарифы на подачу воды для орошения и снизить размер государственных субсидий ирригации. Кроме того, это поможет решить проблему финансирования водного сектора;
  - Постепенный перенос внимания на повышение эффективности использования водных ресурсов посредством инвестиций в модернизацию оросительных каналов и в более эффективные методы орошения (включая капельное орошение) после 2030 года в соответствии с ожидаемым воздействием изменения климата на уровень водообеспеченности;
  - Проекты, нацеленные на повышение продуктивности водных ресурсов, могут быть оправданы и до 2030 года, до наступления ситуации дефицита водных ресурсов, при двух условиях. Во-первых, они имеют смысл при условии наличия неиспользуемых или залежных земель (которые могут стать пригодными для ведения сельского хозяйства в

результате капиталовложений в модернизацию или развитие системы подачи воды и дренажных систем), а сэкономленная вода может быть использована для освоения подобных земельных площадей. Во-вторых, они могут быть оправданы в случае, если фермеры не получают своевременно достаточного количества воды, например, по причине изношенности инфраструктуры. В этом случае выгоды от инвестиций в дренажные системы будут снижены, поскольку выращиваемые культуры могут погибнуть из-за недостатка поливной воды. Если это так, то капиталовложения в модернизацию оросительных каналов должны осуществляться параллельно с другими инвестициями.

Другие рекомендации

- Инвестировать в сельские дороги, в местные системы хранения и предприятия по производству продуктов питания на местах;
- Провести картирование (напр., с использованием «дронов») состояния существующих коллекторно-дренажных систем – и, возможно, систем подачи воды, – с последующими инвестициями в улучшение коллекторно-дренажных систем;
- Подготовить статистические данные о продуктивности сельского хозяйства и эффективности использования водных ресурсов, с использованием предложенных в данном отчете показателей (основное внимание статистики зависит от уровня нехватки земель или воды, и от ситуации с трудоустройством: напр., показатели прибыли в расчёте на кубический метр воды и прибыли в расчёте на орошаемый гектар актуальны в ситуации полной занятости, тогда как в ситуации безработицы более актуальны валовая добавленная стоимость в расчёте на кубический метр воды и валовая добавленная стоимость в расчёте на орошаемый гектар).

Уроки, извлечённые из 15 отобранных тематических примеров МЦВИ в мире

i. Блага и услуги, предоставляемые МЦВИ, обычно превосходят изначально запланированные блага и услуги (к таким дополнительным преимуществам относятся противопаводковая защита, рекреация и рыбное хозяйство).

ii. МЦВИ, как правило, связана с множеством положительных и отрицательных внешних воздействий. В большинстве случаев эти внешние воздействия не ограничиваются страной местонахождения МЦВИ. В этой связи необходимо трансграничное сотрудничество, которое, к сожалению, не всегда имеет место. Так, например, плотина Лагдо в Камеруне стала причиной трансграничного конфликта.

iii. Финансирование капиталовложений в МЦВИ является большой проблемой. Однако, привлекать финансирование для МЦВИ, имеющей гидроэлектростанцию, проще, поскольку это позволяет получать плату за гидроэлектроэнергию; тарифы же на воду для орошения не всегда чётко определены. В отношении рыбоводства, судоходства, рекреации и прочих услуг, соответствующие сборы за водопользование взымаются слабо или не взымаются совсем.

Введение

Контекст проекта

Настоящий итоговый отчет был подготовлен в рамках проекта «Повышение роли многоцелевой водохозяйственной инфраструктуры в обеспечении водной, продовольственной, энергетической и экосистемной безопасности и переходе Казахстана к инклюзивной «зеленой» экономике и устойчивому развитию» (далее кратко – «Повышение роли многоцелевой водохозяйственной инфраструктуры»), выполненного ОЭСР при финансовой поддержке Правительства Казахстана, Европейского союза, Правительств Норвегии и Германии и Специальной рабочей группы действий по *«зеленой»* экономике (бывшей СРГ ПДООС). Проект был выполнен в рамках Национального диалога о водной политике (НДВП) в Казахстане, проводимого в сотрудничестве с Водной инициативой Европейского союза и при содействии ОЭСР и ЕЭК ООН. Ниже представлен обзор проекта.

Проект вкратце

В январе 2015 года ОЭСР и Казахстан подписали соглашение о сотрудничестве, в рамках которого была разработана Страновая программа ОЭСР для Казахстана, утвержденная в марте 2015 года. Эта программа включала проект «Экономические аспекты управления водными ресурсами в странах ВЕКЦА: поддержка выполнения программы по управлению водными ресурсам», запланированный на 2015-16 годы. Настоящий проект, основной акцент которого делается на многоцелевую водохозяйственную инфраструктуру (МЦВИ), является его частью (Задача 1).

Данный проект был выполнен в рамках Национального диалога о водной политике в Казахстане в сотрудничестве с Комитетом по водным ресурсам (КВР) и председателем Межведомственного координационного совета (МВКС) НДВП. Основные бенефициары проекта – Министерство сельского хозяйства, КВР и «Казводхоз»» – государственное предприятие в составе КВР, отвечающее за управление водохозяйственными системами в Казахстане; при этом КВР подчиняется Министерству сельского хозяйства РК. Пользу от реализации проекта также могут получить другие государственные органы Казахстана (на всех уровнях), а также различные МФО и доноры, работающие в Казахстане.

Одной из основных целей проекта было «оказание помощи заинтересованным сторонам в Казахстане в определении возможностей повышения экономической и финансовой отдачи от выбранной МЦВИ и, тем самым, снижения спроса на капитальные инвестиции и государственную поддержку». Поскольку такие возможности (или улучшение существующих систем и водохозяйственной инфраструктуры) могут повлиять на продовольственную и энергетическую безопасность, а также на экосистемные услуги и управление рисками (паводков и засухи), другой основной целью является «демонстрация возможностей для обеспечения максимального вклада МЦВИ в повышение уровня водной, продовольственной и энергетической безопасности», с тем, чтобы уроки, полученные в рамках пилотного исследования, можно было «применить в других действующих или планируемых проектах МЦВИ в Казахстане».

Данный проект состоял из четырех компонентов: установная фаза, оценка, международный опыт, выводы и рекомендации.

Результаты промежуточных отчетов, также как основные результаты и проект итоговых рекомендаций были представлены и обсуждены на 4ом заседании МВКС НДВП в мае 2016 года в пос.Боровом; на семинаре с участием экспертов в сентябре 2016 года в Астане; и на заседании Рабочей группы НДВП в декабре 2016 года в Астане.

Цель и структура отчета

В **части I** представлены основные результаты и рекомендации, выработанные на основе экономической оценки Шардаринской МЦВИ.

- Глава 1 включает определение МЦВИ, описание типичных услуг МЦВИ и методики, использованные при осуществлении Компонента 1 проекта, т.е. методику экономической оценки выбранной МЦВИ.
- Глава 2 включает описание пилотного района (Шардаринской МЦВИ), в том числе существующей инфраструктуры, а также итоговую схему.
- Глава 3 определяет, что понимается под «действиями» (мероприятиями), «сценариями» и «сюжетными линиями», которые были определены, разработаны и смоделированы при оценке Шардаринской МЦВИ с использованием специально созданной компьютерной модели **WHAT-IF**, разработанной в рамках проекта и использованной для экономической оценки МЦВИ.
- Глава 4 представляет результаты, полученные на основе собранных данных и проведенного моделирования, и основные рекомендации проекта.

В **части II** предоставлена информация о международном опыте управления, эксплуатации и финансирования систем МЦВИ на основе 15 конкретных примеров МЦВИ:

- Глава 5 включает информацию о методике, использованной при выборе и описании конкретных примеров, и дает спискок отобранных примеров МЦВИ, как часть ограниченного обзора международного опыта (Компонент 2 проекта).
- Глава 6 представляет каждый из 15 выбранных конкретных примеров МЦВИ.
- Глава 7 подчеркивает уроки, извлеченные из приведенных конкретных примеров МЦВИ.

Кроме того, отчет включает семь приложений:

- В приложении А приводится использованная библиография.
- Приложение Б содержит глоссарий нескольких ключевых терминов, используемых в отчете.

- Приложение В включает краткий список учреждений, которые посетили члены миссии, и лиц, с которыми состоялись встречи.
- Приложение Г включает информацию о миссии в апреле 2016 года с посещением Астаны, Шымкента и Шардары с целью начала процесса сбора данных.
- Приложение Д содержит информацию о семинаре экспертов, проведенном 15-16 сентября 2016 года в Астане, Казахстан.
- В приложении Е кратко представлена структура модели, разработанной для проведения надежной экономической оценки Шардаринской МЦВИ и экономического воздействия мер, предпринимаемых основными заинтересованными сторонами
- Приложение Ж включает обзор данных, собранных в ходе проекта.

Конкретные примеры

Представленные примеры МЦВИ по всему миру являются конкретными примерами управления и эксплуатации МЦВИ, а также их положительных и отрицательных воздействий на экономику, общество и окружающую среду в соответствующих регионах. Уроки, извлеченные из выбранных конкретных примеров из разных регионов мира, помогли лучше понять ситуацию Шардаринской МЦВИ в Казахстане и выявить аспекты, которые помогут повысить экономическую и финансовую отдачу от данной МЦВИ (см. часть I), а также открыть для нее более широкие перспективы, с учетом местных условий.

Часть I

Экономическая оценка вариантов развития Шардаринской МЦВИ

В части I представлены основные результаты экономической оценки вариантов развития Шардаринской МЦВИ; выявляется, как может быть увеличена экономическая отдача от МЦВИ посредством оптимизации структуры посевов сельскохозяйственных культур и капиталовложений в облицовку оросительных каналов и введения более эффективных технологий орошения. Отдача также может быть увеличена посредством повышения регулирующей способности Шардаринского и Коксарайского водохранилищ, снижения утечек воды в системах хозяйственно-бытового водоснабжения и водоотведения, или строительства канала, идущего в обход города Шардары, для сброса в него избыточной воды в случае наводнений. Сложная задача экономической оценки многоцелевой, а следовательно, и затрагивающей множество секторов и заинтересованных сторон инфраструктуры, требовала специально разработанной методики, а также создания компьютерной модели и сбора данных об экономических показателях водопользования. Основные результаты и рекомендации, представленные в части I, основаны на анализе собранных данных и результатов моделирования.

Глава 1

Методика

В настоящей главе дается определение многоцелевой водохозяйственной инфраструктуры (МЦВИ) и выделяются типичные услуги МЦВИ, такие как орошение, выработка гидроэлектроэнергии, противопаводковая защита, ослабление воздействия засухи, хозпитьевое и промышленное водоснабжение, коммерческое рыбное хозяйство, рекреация, транспорт и судоходство.

Далее, в ней представлена методика, примененная при экономической оценке Шардаринской МЦВИ, выбранной в ходе консультаций с основными местными заинтересованными сторонами. Она включает пять задач: разработку схемы; определение действий и показателей; сбор и оценку данных; построение и моделирование сценариев и сюжетных линий; и анализ результатов и содействие их распространению. Глава заканчивается рядом вопросов о потенциальных факторах воздействия.

Цель

В настоящей главе дается определение многоцелевой водохозяйственной инфраструктуры (МЦВИ), выделены типичные услуги МЦВИ и представлена методика, примененная при «оценке» Шардаринской МЦВИ.

МЦВИ

Многоцелевое назначение водохозяйственной инфраструктуры

Все чаще водохозяйственная инфраструктура используется сразу в нескольких целях. Так появился термин МЦВИ, который может иметь различные определения. В настоящем проекте используется определение, включенное в публикацию ОЭСР (2017). В ней говориться, что МЦВИ «включает всю рукотворную водохозяйственную инфраструктуру, в том числе плотины, защитные дамбы, водохранилища и водораспределительные сети, которые используются или могут использоваться сразу в нескольких целях» (Naughton, M. et al., 2017). Обращаем внимание на то, что водохозяйственная инфраструктура может быть многоцелевой по своему проектному назначению или по практическому применению. Во многих случаях водохозяйственная инфраструктура разрабатывалась для одной определенной цели, однако на практике используется в нескольких различных целях.

Трудность в принятии инвестиционных решений

Многоцелевой характер водохозяйственной инфраструктуры может иметь несколько последствий. Одно из таких последствий заключается в том, что это затрудняет принятие инвестиционных решений, поскольку отдельно взятое инвестирование средств может оказывать самые различные воздействия. Как указано в одной из недавних публикаций по вопросам водной, продовольственной и энергетической безопасности:

> «Инвестиции, направленные на повышение уровня водной безопасности, должны шире использоваться для решения взаимосвязанных проблем и достижения самых различных целей (…). Многоцелевая направленность инвестиций в водохозяйственном секторе требует проведения оценки всего спектра рисков и пользы в определенном географическом районе и определения наиболее экономически эффективных мер вмешательства для управления различными, часто взаимосвязанными, рисками; используя в то же время возможности для инвестиций» (Naughton, M. et al., 2017).

Типичные услуги МЦВИ

Не только орошение и гидроэнергетика

В то время как наиболее важной целью и сопутствующих услуг МЦВИ, как правило, являются орошение и выработка гидроэлектроэнергии, все чаще важную роль играют другие блага и услуги. Они включают, среди прочего: борьбу с паводками, ослабление воздействия засухи, питьевое водоснабжение, промышленное водоснабжение, коммерческое рыбное хозяйство, рекреация, транспорт и судоходство[1]. Каждая услуга имеет своих пользователей и экономическое воздействие.

Прямое и косвенное экономическое воздействие

Экономическое воздействие МЦВИ и ее услуг можно разделить на прямое и косвенное. К положительному косвенному экономическому воздействию можно отнести, например, создание рабочих мест после создания коммерческих рыбных хозяйств на водохранилище, предназначенном для орошения. Примером отрицательного косвенного экономического воздействия является снижение объемов потребления воды для орошения весной и летом фермерскими хозяйства вниз по течению вследствие сооружения гидроэлектростанции выше по течению. Факторы косвенного экономического воздействия необходимо учитывать при подготовке и оценке инвестиционных проектов, связанных с МЦВИ.

Методика, Компонент 1

Компьютерная модель

Компонент 1 нацелен на экономическую оценку пилотной МЦВИ. Консультант ОЭСР разработал специальную компьютерную модель для экономической оценки МЦВИ, затрагивающую текущее состояние МЦВИ и возможные действия для усиления ее вклада в национальную и региональную экономику, а также в повышение уровня водной, продовольственной и энергетической безопасности.

Пять задач

Методика, примененная в Компоненте 1, состояла из пяти последовательных задач:

- Разработка схемы
- Определение действий и показателей
- Сбор и оценка данных
- Построение сценариев и сюжетных линий
- Анализ результатов моделирования и содействие их распространению.

Действия, сценарии и сюжетные линии имеют ключевое значение с точки зрения сбора данных и разработки модели, анализа, а также распространения и содействия диалогу о водной политике с учетом планирования инвестиций. Эти задачи и условия определены ниже.

Задача 1: Разработка схемы

Цель

Схема используется для оценки и разработки соответствующей модели. Как правило, выполнение этой задачи требует значительного времени – поскольку для этого требуется изучить различные данные и информацию, включая карты, а также провести консультации с компетентными экспертами, зачастую многократные.

В связи с этой задачей необходимо рассмотреть два важных вопроса: идентификация существующей водохозяйственной инфраструктуры и водных ресурсов и разграничение зон планирования.

Задача 2: Определение действий и показателей

Цель

Целью данной задачи является определение соответствующих действий, направленных на увеличение вклада конкретной МЦВИ в национальную и региональную экономику, а также в повышение уровня водной, продовольственной и энергетической безопасности, и на определение сопутствующих показателей, используемых при оценке действий. Соответствующие действия (мероприятия) среди прочего включают инвестиции, а релевантные показатели включают среди прочего экономические показатели (см. рисунок 1.1).

Рисунок 1.1. **Выбор действий и показателей**

Источник: собственная разработка авторов.

Действия

Такие действия позволят усилить экономическую и финансовую отдачу от применения существующей МЦВИ, повысить уровень водной, продовольственной и энергетической безопасности через повышение эффективности водопользования и улучшение практики управления паводками. Примеры возможных действий включают следующее:

- инвестирование в улучшение системы водоснабжения для снижения уровня потерь воды в системе
- инвестирование в целях улучшения систем сельскохозяйственного водоснабжения
- инвестирование в водохранилища и гидроэнергетику
- инвестирование в выработку тепловой энергии (как альтернативный или дополнительный вид энергии к гидроэлектроэнергии)
- управление водохранилищами для ослабления рисков и последствий паводков и засухи
- внесение изменений в налогообложение или государственные субсидии
- реформирование тарифов на подачу воды для орошения.

Такие действия можно будет сравнить с другими действиями и сценариями, такими как сценарий, предусматривающий отсутствие каких-либо новых действий (или «обычное ведение дел»), или сценарий, предусматривающий сооружение дополнительной крупной водохозяйственной инфраструктуры, что подразумевает значительные капитальные затраты.

Показатели

Показатели должны описывать достижения в различных областях, таких как экономическое благосостояние, влияние государственного бюджета, водная, продовольственная и энергетическая безопасность, включая управление рисками наводнений и засух, занятость населения и другие экономические выгоды и воздействия на национальную экономику – и, следовательно, способствовать проведению оценки и сравнения экономических факторов воздействия различных возможных действий.

Примеры существующих показателей в модели

- экономическое благосостояние по секторам (напр., энергетика и сельское хозяйство) и зонам планирования
- дополнительная выгода по секторам и зонам планирования
- подробное описание затрат на создание водохозяйственной инфраструктуры, в том числе стоимостные факторы, удельные затраты и общие эксплуатационные и капитальные затраты.

Объем

Объем задачи включает определение 5-10 наиболее важных действий и показателей. Увеличение числа оцениваемых действий и показателей затруднит проведение оценки и распространение полученных результатов. Для дальнейшего анализа были выбраны пять действий (см. главы 4 и 5).

Задача 3: Сбор и оценка данных

Цель

Целью данной задачи были сбор и оценка данных, непосредственно касающихся определенных действий и показателей, а также общих потребностей в получении входных данных для модели.

Основная задача

Эта задача является основной в том смысле, что все другие задачи зависят от успешной реализации данной задачи. Как правило, на ее выполнение требуется много времени. Сбор и оценка данных являются итеративным процессом, в рамках которого Консультант зависит от помощи со стороны основных местных заинтересованных участников и специалистов.

Задача 4: Построение сценариев и сюжетных линий

Цель

Целью данной задачи является построение сценариев и сюжетных линий для проведения их анализа в рамках задачи 5. Было предложено и обсуждено несколько сценариев и сюжетных линий, пока не было отобрано 33 сценария и 6 сюжетных линий (см. главы 4 и 5).

Сценарий

Сценарий включает ряд определенных допущений относительно выбранных действий. Упрощенный сценарий будет включать одно и только одно возможное действие (мероприятие) и его можно сравнить со сценарием, предусматривающим «отсутствие новых действий» («обычное ведение дел»). В некоторых случаях в сценарии рекомендуется включать несколько действий, напр., такие два действия, которые могут влиять одно на другое. В этом случае сценарий должен предоставлять возможность выполнения обоих действий; в то же время его будет интересно сравнить с двумя сценариями, каждый из которых включает только одно из рассматриваемых двух действий, а также со сценарием с отсутствием новых действий. При этом необходимо выбрать временные рамки для каждого сценария.

Сюжетная линия

Сюжетная линия – это просто группа взаимосвязанных сценариев. Каждая сюжетная линия направлена на то, чтобы представить некий конкретный сюжет, подчеркивая определенные развития, изменения и воздействия. Порядок сценариев в сюжетной линии имеет огромное значение для сюжетной линии.

Представление результатов

Сценарии и сюжетные линии были смоделированы с помощью разработанной модели и включены в электронную таблицу с результатами. Такая таблица включает сюжетные линии, показывая изменение показателей при различных сочетаниях действий.

Приведенный ниже рисунок 1.2 иллюстрирует, как может выглядеть сюжетная линия, включающая 8 сценариев, которые были построены на основании 3 действий. Ось Y может показывать экономическое благосостояние по секторам (в млрд тенге).

Рисунок 1.2. **Сюжетная линия с восьмью сценариями и тремя действиями (пример)**

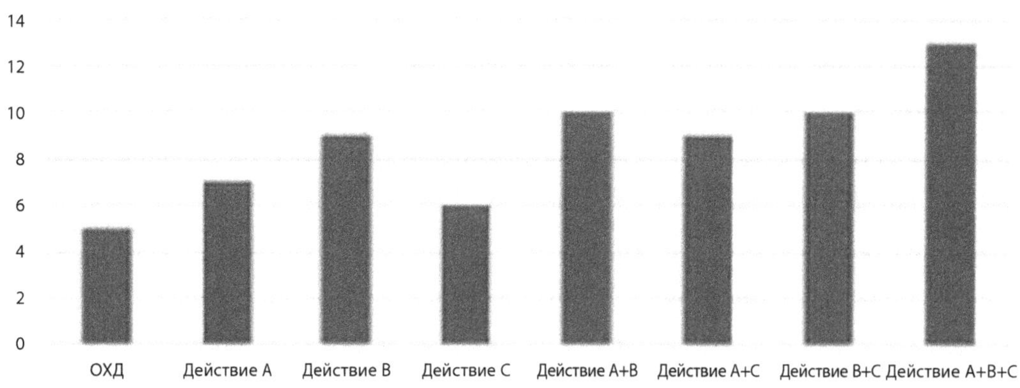

Источник: собственная разработка авторов.

Фактически синергию и взаимодействие между различными действиями и факторы их воздействия можно представить комплексно. Изменения в показателях экономического благосостояния, занятости, сельскохозяйственного производства, производства электроэнергии и т.д. можно легко проследить.

Задача 5: Анализ результатов моделирования и содействие распространению

Цель

Целью данной задачи является анализ результатов, полученных с помощью модели, и разработанных, смоделированных и представленных документально сценариев и сюжетных линий – и, в частности, сравнение соответствующих им показателей и пояснения к результатам; это будет способствовать распространению полученных результатов и результатов оценки в рамках всего Компонента 1.

Как уже было отмечено, данный отчет включает анализ 6 сюжетных линий, выделяя определенные факторы воздействия. Помимо прочего, в нем представлена окончательная модель и результаты моделирования.

Воздействия

Под *воздействиями* понимаются влияние различных инвестиций и мер отраслевой политики, в особенности тех, которые касаются эффективности водопользования и водной, продовольственной и энергетической безопасности (по секторам и зонам), и их влияние на следующие экономические параметры:

- стоимость произведенной продукции
- объем производства
- налоговые поступления и субсидии
- водоснабжение и потери воды
- эффективность использования воды в сельском хозяйстве (напр., м^3 воды на физический объем производства определенной сельхоз культуры, или выручку от ее реализации)
- занятость (только в сельском хозяйстве; без учета косвенной занятости, например, в секторе переработки сельхоз продукции и производства продуктов питания).

Вопросы

Существует целый ряд возможных вопросов, среди которых необходимо отметить следующие:

- Каким образом затраты на реабилитацию и техобслуживание магистральных ирригационных каналов (обеспечивающие снижение потерь воды) соотносятся с увеличением продуктивности культур за счет использования дополнительных объемов воды? Каковы другие факторы воздействия?
- Каким образом увеличение инвестиций в городские коммунальные системы водоснабжения (обеспечивающее снижение потерь воды) соотносится с увеличением объемов сельхозпроизводства за счет использования сэкономленной воды? Каковы другие факторы воздействия?
- Каким образом увеличение инвестиций в целях увеличения объема водохранилища (обеспечивающее увеличение водопотребления и, возможно, производства электроэнергии в засушливые годы) соотносится с увеличением продуктивности культур в засушливые годы за счет использования дополнительных источников воды? Каковы другие факторы воздействия?

- Каким образом повышение уровня защиты от паводков в водохранилищах влияет на сельскохозяйственное производство в засушливые годы с учетом более низкой доступности водных ресурсов? Каковы другие факторы воздействия?
- Каким образом инвестиции в коллекторно-дренажные системы уменьшают засоленность почвы и увеличивают объем сельскохозяйственного производства, и каким образом это соотносится с ростом доходов фермеров? Каковы другие факторы воздействия?
- Каковы затраты (с точки зрения потерь сельскохозяйственного производства) на повышение объемов экологического стока? Каковы другие факторы воздействия?
- Каковово влияние изменения климата на сельскохозяйственное производство и производство электроэнергии? Каковы другие факторы воздействия?

Ссылки

Naughton, M., N. DeSantis and A. Martoussevitch (2017), *Managing multi-purpose water infrastructure: a review of international experience* (Управление многоцелевой водохозяйственной инфраструктурой: обзор международного опыта), *OECD Environment Working Papers,* No. 115, OECD Publishing, Paris. https://www.oecd-ilibrary.org/environment/managing-multi-purpose-water-infrastructure_bbb40768-en.

Глава 2

Шардаринская многоцелевая водохозяйственная инфраструктура

Настоящая глава представляет данные и информацию о Шардаринской МЦВИ. В ней указывается, что выбранный пилотный район выходит далеко за границы Шардаринского водохранилища и включает в себя водные ресурсы и водохозяйственную инфраструктуру всего бассейна Нижней Сырдарьи вплоть до Северного Арала. В главе обозначены основные черты бассейна: то, что 80% водотока формируется за пределами Казахстана, а бассейн имеет разноплановую природу. В отношении водохозяйственной инфраструктуры в главе представлены два водохранилища, находящиеся в пилотном районе – Шардаринское и Коксарайское, а также отдельные сегменты реки, озера, сельскохозяйственные зоны (массивы орошаемых зеель), каналы и системы питьевого водоснабжения. В завершение, говорится о роли схемы для определения моделируемых географических зон, речных створов и основных элементов водохозяйственной инфраструктуры.

Цель

Настоящая глава представляет данные и информацию о Шардаринской МЦВИ. В ней характеризуется выбранный пилотный район, включая существующую инфраструктуру, а также представлена итоговая Схема.

2.1. Пилотный район

Пилотный район включает весь бассейн Нижняя Сырдарья – Северный Арал

Шардаринское водохранилище и связанная с ним многоцелевая водохозяйственная инфраструктура в 1-м квартале 2016 года были определены КВР в качестве пилотного района для данного проекта. Это обусловлено значением Шардаринского водохранилища и всего бассейна Нижняя Сырдарья – Северный Арал для национальной и региональной экономики, а также тем, что водохозяйственная инфраструктура в этом районе является очень сложной.

Важно подчеркнуть, что пилотный район, называемый в данном проекте Шардаринской МЦВИ, включает не только Шардаринское водохранилище. Фактически он включает водные ресурсы и водохозяйственную инфраструктуру всего бассейна Нижняя Сырдарья – Северный Арал, поскольку анализ будет выполнен в отношении факторов воздействия и вопросов, касающихся территорий, расположенных вниз по течению Шардаринского и Коксарайского водохранилищ, см. рисунок 2.1. Однако, что касается действий, акцент будет сделан на водохозяйственной инфраструктуре, находящейся в районе Шардаринского водохранилища и рядом с ним, включая Коксарайский контр-регулятор.

Рисунок 2.1. **Бассейн Арал – Нижняя Сырдарья, включая Шардаринское водохранилище**

Источник: собственная разработка авторов, основанная на карте, предоставленной Комитетом по водным ресурсам.

2.1.1. Основные характеристики

Более три четверти водотока формируется за пределами Казахстана

Одной из основных характеристик бассейна Нижняя Сырдарья – Северный Арал является то, что примерно 80% объема водотока поступает из-за пределов Казахстана. Таким образом, водоток реки Сырдарья определяется и будет определяться не только природными факторами формирования водотока, но также и другими факторами. Среди них изменения в характере забора воды, возвратные воды и режим функционирования водохранилищ и систем орошения в соседних странах вверх по течению – Кыргызстане, Таджикистане и Узбекистане.

Многоцелевое назначение водохранилища и бассейна

Другой ключевой характеристикой является то, что водохозяйственная инфраструктура, связанная с Шардаринскоим водохранилищем, и в целом бассейна Нижняя Сырдарья – Северный Арал со временем становится все более разнообразной. По первоначальному проекту Шардаринское водохранилище предназначалось для орошения. Сегодня оно предоставляет и другие услуги, в основном это выработка электроэнергии, защита от паводков, коммерческое рыбное хозяйство и поддержка животноводства. В будущем спектр услуг скорее всего расширится и будет включать разнообразные рекреационные услуги.

2.1.2. Инфраструктура

Краткая информация

В настоящем подразделе содержится краткая информация об Шардаринской МЦВИ, включая не только Шардаринское водохранилище, но и, как это было отмечено выше, инфраструктуру в нижнем течении Сырдарьи, ниже Шардаринского водохранилища.

Водохранилища

В пилотном районе находятся два основных водохранилища – Шардаринское водохранилище и Коксарайское водохранилище – контр-регулятор.

Шардаринское водохранилище, построенное в 1967 году, используется для орошения сельскохозяйственных земель в Южно-Казахстанской и Кызылординской областях и для выработки электроэнергии. Длина водохранилища составляет 80 км, ширина – 25 км, площадь поверхности –783 км^2. Его максимальный объем составляет 5,2 км^3 (проектная емкость), в то время как фактический объем, с учетом донных отложений, составляет 4,7 км^3. Годовой сброс воды из водохранилища составляет 10 км^3. До 1 км^3 подается в Кызылкумский канал. 1 км^3 сохраняется в качестве мертвого объема. Испарение составляет, по оценке, 850 млн м^3 в год. Наибольшая глубина составляет 26 м. Нынешняя мощность ГЭС – 100 МВт. В настоящее время проводится замена четырех турбин, что позволит увеличить установленную гидроэнергетическую мощность до 126 МВт.

Коксарайское водохранилище – контр-регулятор расположено в 160 км вниз по течению от Шардаринского водохранилища. Оно было построено в 2011 году и используется для аккумулирования в зимний период гидроэнергетического потенциала избыточного водотока, поступающего от стран, находящихся вверх по течению, для предупреждения паводков. В летний период вода из Коксарайского контр-регулятора используется на орошение в районах, которые находятся вниз по течению. Средний объем этого водохранилища составляет 2,3 км^3; проектный объем составляет 3 км^3.

Кроме того, в пилотном районе имеется несколько небольших гидроэлектростанций. В Кызылординской области гидроэлектростанции в городах Кызылорде и Казалинске обеспечивают работу систем орошения.

Сегменты реки

Замеры водотока в реке Сырдарья, поступающего с территории Узбекистана, проводятся на Кокбулакском гидрологическом посту, на границе между Казахстаном и Узбекистаном. До Шардаринского водохранилища эта часть бассейна считается средним течением реки Сырдарья. Дополнительный водоток в среднем течении реки Сырдарья обеспечивает река Келеси на территории Казахстана и система каналов из Узбекистана.

Ниже по течению от Шардаринского водохранилища реку принято называть нижним течением Сырдарьи. Нижняя Сырдарья принимает водоток от реки Арысь. Коктобинский гидрологический пост (388 км ниже по течению от Шардаринского водохранилища) служит в качестве «границы» между двумя областями – Южно-Казахстанской областью и Кызылординской областью.

От Казалинского гидрологического поста на 1 459 км ниже Шардаринского водохранилища, начинается дельта Сырдарьи. Расстояние от Казалинского гидрологического поста до Северного Арала составляет примерно 180 км.

Озера

Сброс воды из Шардаринского водохранилища в Арнасайские озера в Узбекистане проводится в случае сильного паводка в зимний период, а также периодически на протяжении года (по просьбе или с разрешения узбекской стороны). Эти озера возникли в результате катастрофического наводнения 1969 года, когда избыточная вода была сброшена в Арнасайскую низменность. С февраля 1969 года по февраль 1970 года было сброшено примерно 21 км^3 избыточной воды (примерно 60% годового стока реки Сырдарья) в результате чего образовались искусственные озера.

Регулярной практикой является сброс дренажных вод в искусственные озера, в результате чего там образуются экосистемы. В Кызылординской области такими озерами являются: Тиликуль (до 1 км^3 воды в год), Кошкажу, Бозколь и Макпаль. Для их поддержания требуется обеспечение экологического пропуска. Озерные/низменные системы Камыстыбас и Акшатау считаются частью дельты реки Сырдарьи.

Сельскохозяйственные зоны

Сельскохозяйственные земли, связанные с нижним течением реки Сырдарья, разделены между двумя областями следующим образом (см. также рисунок 2.2):

- Кызылординская область

- Казалинский массив орошения, орошается Казалинским каналом, общая орошаемая площадь 18 000 га
- Кызылординский массив орошения, орошается Кызылординским и Айтекским каналами, общая орошаемая площадь 81 000 га
- Шиелийский массив орошения, орошается каналом Келинтобе, Шиелийским и Камыстыкакским каналами, общая орошаемая площадь 47 000 га

• Южно-Казахстанская область.

  - Шардаринский массив орошения, орошается Кызылкумским каналом и насосными станциями, общая орошаемая площадь 46 000 га.

Другие орошаемые сельскохозяйственные земли в Южно-Казахстанской области:

• Сельскохозяйственные земли, орошаемые из реки Арысь (приток в нижнем течении реки Сырдарья)

  - В массиве орошения АРТУР вода из реки Арысь подается через систему, включающую канал и водохранилище. Общая орошаемая площадь составляет 120 000 га. Дренажная вода сбрасывается в озеро Шошкаколь.

• Сельскохозяйственные земли, орошаемые из рек Чирчик и Келес (притоки в среднем течении реки Сырдарья, водоток образуется в Узбекистане)

  - Массив орошения ЧАКИР орошается водой, поступающей по каналам из Узбекистана, общая орошаемая площадь 49 000 га.

• Орошаемые из среднего течения реки Сырдарья

  - Мактааральский массив орошается преимущественно с территории Узбекистана посредством Достыкского канала; однако в случаях недостатка воды она также перекачивается из Шардаринского водохранилища, общая орошаемая площадь 129 000 га.

Обращаем внимание на то, что сельскохозяйственные зоны нижнего течения реки Сырдарья исследованы в рамках данного проекта в той мере, насколько, например, инвестиции в зоне Шардаринского водохранилища могут повлиять на сельскохозяйственные зоны в нижнем течении реки Сырдарья.

Каналы

Общая длина магистральных каналов в Южно-Казахстанской области составляет 475 км, а общая длина расширенной системы (магистральные каналы и каналы, связывающие зоны орошения) составляет 666 км.[1] Наиболее важным каналом в области является Кызылкумский канал. Он имеет длину 106 км (из них 27 км облицовано) и с максимальным водотоком (расходом воды) до 200 м^3/с. Другим важным каналом является межгосударственный канал Достык, который забирает воду из реки Сырдарья в Узбекистане и поставляет его в Южно-Казахстанскую область (длиной 113 км с максимальным расходом воды до 230 м^3/с).

Общая длина магистральных каналов в Кызылординской области составляет 943 км, а общая длина расширенной системы составляет 2 318 км. В Кызылординской области такие каналы, в основном, не имеют облицовки; облицовано лишь 5-10% их общей протяженности.

К магистральным каналам в Кызылординской области относятся следующие:[2]

- Канал Келинтобе длиной 88 км с расходом воды до 102 м^3/с
- Канал Шиели длиной 181 км с расходом воды до 120 м^3/с
- Система каналов Кызылорда, в том числе канал Айтек, является частью объектов Кызылординской гидросистем. Левая сторона орошается из магистрального канала (длиной 406 км с расходом до 226 м^3/с), а правая часть орошается двумя ветвями канала (длиной 50 км с расходом до 110 м^3/с – и длиной 78 км с расходом до 60 м^3/с)
- Казалинский канал является частью объектов Казалинской гидросистемы. Левая сторона орошается из одной части канала (длиной 99 км с расходом до 100 м^3/с), а правая сторона орошается из другой части канала (длиной 39 км с расходом до 85 м^3/с).

Кроме того, есть два старых русла реки Сырдарья в Кызылординской области. Их можно рассматривать как особый тип каналов, поскольку по ним можно отводить воду в случае наводнения. Одним из них является Жанадарья (длиной 577 км), другой Куандарья (длиной 380 км). Жанадарья расположена выше Куандарьи.

Дренаж и возвратная вода

Коллекторно-дренажная система в основном устарела и имеет плохое состояние. В Шардаринском районе (участок нижнего течения реки Сырдарья в Южном Казахстане) находится примерно 25% вертикальных дренажных систем региона; причем все они требуют ремонта. В 2015 году лишь 300 млн м^3 было отведено обратно в реку Сырдарья из Шардаринского района из 677 млн м^3 воды, забранной на орошение. В Южно-Казахстанской области 724 млн м^3 из 3 км^3, использованных для орошения, подается обратно в коллекторно-дренажные системы, и 2,5 млн м^3 подается обратно в реку Сырдарья. В 2015 году объем фильтрации и испарения составил 631 млн м^3.

Вода с полей часто выпускается во внешние коллекторы. Максимальный уровень подачи возвратной воды в Кызылординской области достигает лишь 31% объема воды, используемой на орошение, и подается в канал.

Питьевая вода

Водопользование в нижнем течении реки Сырдарья включает потребление воды для питьевых и технических нужд. Основными потребителями являются: села по берегам реки Сырдарьи, город Кызылорда (где имеет место переход на подземный источник воды) и город Казалинск (7 000 жителей).

Питьевая и техническая вода подается в город Шардара (с населением 30 000 человек) из Шардаринского водохранилища (1,2 млн м^3 в год).

В обеих областях для питьевого водоснабжения широко используются подземные воды. В целом, качество сырой воды в реке Сырдарья не отвечает требованиям к питьевой воде. Таким образом, даже в районах (административных единицах области), примыкающих к источнику поверхностных вод реки Сырдарья, имеются групповые водопроводы для подачи воды из источников подземных вод.

По предварительной оценке, 1,7 млн жителей в Южно-Казахстанской области используют подземные воды на питьевые и технические нужды.

Рыбное хозяйство

Шардаринское водохранилище используется, в том числе, для рыбоводства; имеется одно рыбное предприятие. В настоящее время обсуждается вопрос выдачи населению лицензий на отлов рыбы.

Водозабор для нужд рыбного хозяйства существует во всем Арало-Сырдарьинского бассейне.

2.2. Схема

Основной приоритет

Основное внимание уделялось разработке Схемы, которая является одним из ключевых элементов гидроэкономического анализа и моделирования МЦВИ. В Схеме определены географические районы, речные створы и элементы основной инфраструктуры, которую можно проанализировать с помощью аналитической модели и для которой можно представить результаты.

Основа

Основой для создания Схемы послужил предварительный перечень действий, а также собранные данные и информация о наличии данных, поскольку невозможно дать правильную оценку тех элементов, которые не описаны в достаточной мере на Схеме.

Основные вопросы

Основные вопросы, которые следует рассмотреть при анализе Схемы:

- детально рассмотреть и использовать имеющиеся данные об орошаемом сельском хозяйстве, напр., с точки зрения структуры посевов сельхозкультур и методов орошения;
- дать полное описание выбранных основных элементов инфраструктуры, напр., выбранных каналов и водохранилищ;
- выполнить анализ различных схем подачи воды через государственные границы.

Зоны планирования

Схема включает 7 зон сельскохозяйственного планирования (массивов орошаемых земель – *прим.ред.*), три в Кызылординской области и четыре в Южно-Казахстанской области, см. схему на рисунке 2.2 Зоны планирования описывают водопользование для орошения и выщелачивание (с учетом выбранных культур и орошаемой площади), а также питьевое водоснабжение (с учетом городского и сельского населения и уровней охвата). Каждая зона планирования имеет соответствующие подающие каналы с описанием потерь воды при транспортировке.

Рисунок 2.2. **Схема Шардаринской МЦВИ**

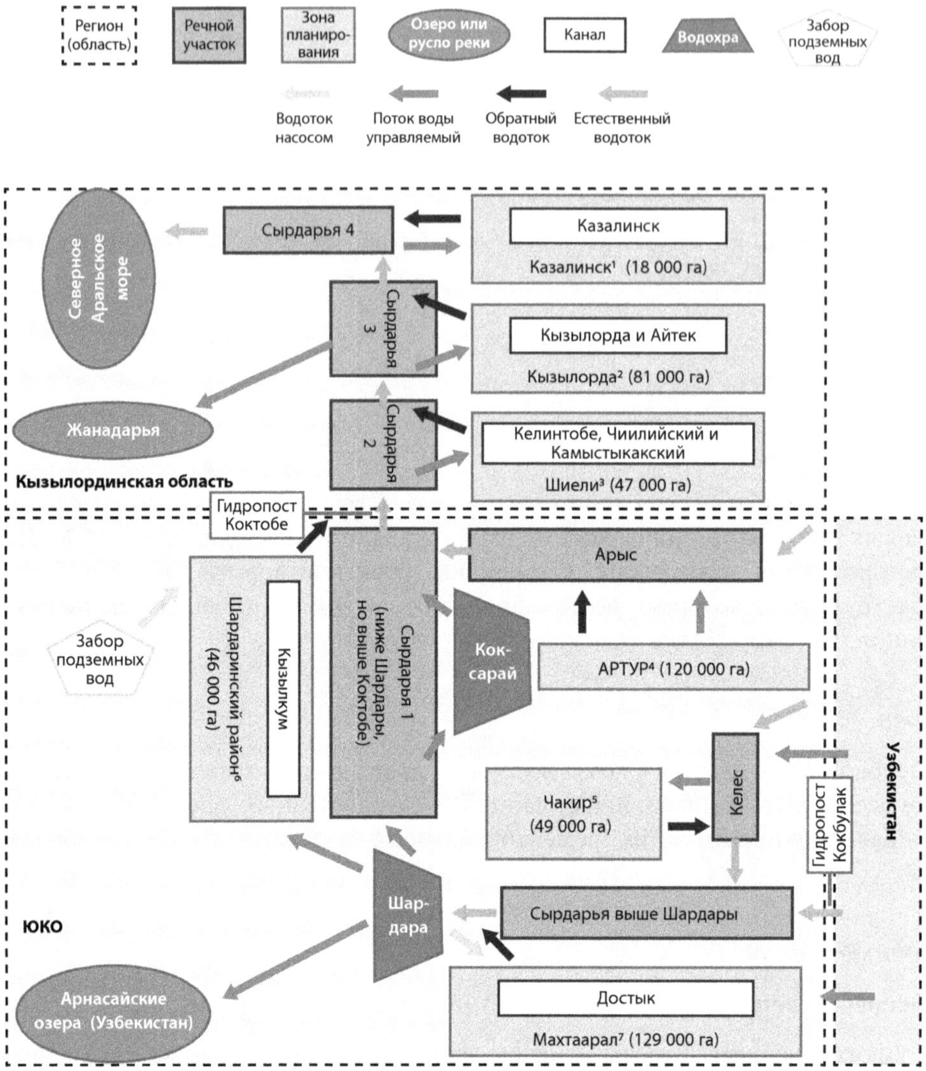

Примечания: **1**: Включает Казалинский район; **2**: Включает Кызылординский и Сырдарьинский районы, Жалагашский район и Кармакшинский район; **3**: Включает Чиилийский район и Жанакорганский район; **4**: Включает все районы в ЮКО, кроме Сузакского района (не входит в зону водосбора Сырдарьи и, следовательно, не включен в схему), Шардаринского района (отдельная зона планирования на схеме), Сарыагашского района и Казыгуртского района (отдельная зона планирования на схеме) Мактааральского района (отдельная зона планирования на схеме) и частично районы Арысь и Отрарский; **5**: Включает Сарыагашский район и Казыгуртский район; **6**: Включает Шардаринский район – и частично районы Арысь и Отрарский; **7**: Включает Мактааральский район.

Источник: COWI, на основании собранных данных и информации.

Использование сегментов реки, водохранилищ и подземных вод

Схема также дает описание семи сегментов реки и двух крупных водохранилищ. На Схеме также показано использование подземных вод в зоне планирования города Шардара. Если анализ использования подземных вод будет актуальным в других зонах, такой анализ легко включить в данную схему.

Зона планирования АРТУР включает крупную сложную систему каналов и водохранилищ. Таким образом, можно сказать, что в данной Схеме эта зона представлена упрощенно. Если появятся возможности для анализа (напр., подача воды для орошения) и потребуется более детальное описание зоны АРТУР, Схема должна быть соответствующим образом пересмотрена.[3]

Примечания

1. В орошении, магистральным каналом называется главный распределительный канал оросительной системы, который поставляет воду из реки, водохранилища или канала самотеком. Он имеет большую пропускную способность (проектный расход воды) по сравнению с другими каналами. В Южно-Казахстанской области пропускная способность магистральных каналов варьируется от 200 $м^3/с$ до 4,5 $м^3/с$ (у небольшой реки Сайрамсу). В Кызылординской области пропускная способность магистральных каналов варьируется от 226 $м^3/с$ до 20 $м^3/с$. Обратите внимание, что все данные в этом разделе, являются проектными данными для соответствующего канала.
2. Камыстыкакский канал длиной 30 км с расходом воды до 20 м3/с не является магистральным каналом, несмотря на его важность.
3. Включение в предварительный перечень действий дополнительных комментариев заинтересованных сторон, либо новых действий может привести к незначительным изменениям Схемы.

Глава 3

Действия, сценарии и сюжетные линии

Настоящая глава включает перечень действий, направленных на усиление вклада Шардаринской МЦВИ в национальную и региональную экономику, а также на повышение уровня водной, продовольственной и энергетической безопасности в Казахстане в целом. Приоритетные действия нацелены на изменение спроса на воду (капельное орошение) и поставки воды (каналы и возвратные воды, поступающие в дренаж), и управление рисками (создание обводного канала из Шардаринского водохранилища и увеличение емкости Коксарайского контр-регулятора). Также выделяются восемь действий, исключенных из количественного анализа, и 15 сценариев (пять оставшихся действий, умноженных на три типа лет с разным количеством осадков), которые сравниваются с тремя базовыми сценариями без инвестиций. В конце главы представлены шесть сюжетных линий (по два разных типа на каждый из трех разных по количеству осадков годов). В проекте при разработке и завершении составления перечня действий рассматривается Южно-Казахстанская область, однако, также учитывается влияние на Кызылординскую область.

Цель

Настоящая глава включает перечень действий, направленных на усиление вклада Шардаринской МЦВИ в национальную и региональную экономику, а также на повышение уровня водохозяйственной, продовольственной и энергетической безопасности в Казахстане в целом. В ней также излагаются сценарии и сюжетные линии, которые были установлены, определены и использованы.

Южно-Казахстанская область с учетом влияния на Кызылординскую область

При разработке и составлении окончательного перечня действий основной целью проекта были действия, планируемые только для Южно-Казахстанской области. В то же время эти действия будут иметь последствия для Кызылординской области, по этой причине эти последствия были учтены при выполнении оценки.

3.1. Действия

Портфель инвестиций

Действия отражают вопросы политики, касающиеся портфеля инвестиций (тип, масштабы и сроки), и (или) различные действия в области управления (ценообразование на воду, земельная реформа, реформа энергетического рынка и т.д.). В случае Шардаринской МЦВИ было решено сфокусироваться на действиях, отражающих вопросы политики, касающиеся портфеля инвестиций. Это решение было принято в ходе семинара с участием экспертов, проведенного в сентябре 2016 года в Астане.

Три типа действий

Любые действия можно разделить на три типа:

1. Действия на стороне спроса на воду.
2. Действия на стороне предложения воды.
3. Действия по управлению рисками.

Каждый тип может включать как капитальные инвестиции, так и «мягкие» меры (институциональные, регуляторные, НИОКР и т.д.). Однако в настоящем проекте все меры включают только инвестиции. По этой причине они могут быть представлены как капитальные вложения (CAPEX).

Примерный перечень действий

Примерный перечень действий для Шардаринской МЦВИ был представлен на указанном выше семинаре экспертов в Астане. Этот перечень выглядел следующим образом:

- Действия на стороне спроса на воду (D означает *demand* – спрос):
  - D1: Данное действие включает инвестиции в более эффективные методы орошения, такие как капельное орошение (как более современная практика, так и инвестиции в оборудование), что обеспечивает снижение расходов и потерь воды в системе орошения.

- D2: Снижение потерь воды в системах городского водоснабжения и канализации (ВиК)
- D3: Учет водопотребления в улучшенной системе тарифов на поливную воду, которая будет сочетать фиксированный тариф (на га) и тариф за фактический объем потребления воды (за м^3);
- D4: Преобразование землепользования и водопользования – перевод земель в пастбища и подача воды на водопой скота – в целях воссоздания и расширения производства и переработки мяса, кожевенных и пушных изделий;
- D5: Рассмотрение возможностей перехода от (машинной) подачи воды насосами к системам подачи воды гравитационно (самотеком) (необходимо рассматривать конкретные случаи, только не Махтараал; с учетом влияния на спрос на воду и электроэнергию).

• Действия на стороне предложения воды (S означает *supply* – предложение):

- S1: Подача воды. Включает модернизацию (реконструкцию) Кызылкумского канала с акцентом на весь канал или только на облицовке необлицованных участков канала (в целях сокращения потерь воды)
- S2: Дренаж (т.е. инвестиции в коллекторно-дренажные системы)
- S3: Уменьшение протяженности существующего канала при одновременном повышении к.п.д. существующего канала
- S4: Рассмотрение возможностей для повышения объема подачи подземных вод на орошение в определенных районах (напр., в отдаленных частях Кызылкумского канала) с использованием насосов на солнечных батареях (возможно, таким образом даже удастся решить проблему засоления почв; при этом важно не допустить чрезмерного забора воды; эта мера может потребовать изменения в законодательстве РК);
- S5: Адаптация водохозяйственной инфраструктуры к изменению климата (требуемая информация не была предоставлена).

• Действия по управлению рисками (R означает *risk* – риск):

- R1: Коксарайское водохранилище. Увеличение возможностей защиты от паводков за счет увеличения высоты плотины и объема Коксарайского водохранилища. Это позволит накапливать больший объем воды в сезон зимних и весенних паводков, что может оказаться полезным для орошения в летний сезон; следует обратить внимание на то, что объем зимнего паводка зависит от действий в Кыргызстане;
- R2: Пополнение запасов подземных вод за счет паводковых вод. То есть использование избытка воды для пополнения запасов подземных вод с последующим использованием подземных вод в сухой сезон;
- R3: Шардаринский обводной канал. Это действие включает строительство противопаводкового канала на правом берегу Шардаринского водохранилища с тем, чтобы можно было отвести избыточную воду в обход городских поселков ниже по течению от Шардаринского водохранилища (часто называемый «вариантом номер 1»); эти инвестиции обеспечат возможность отвода ниже по течению реки Сырдарья части или всех

паводковых вод, которые в настоящее время сбрасываются в Арнасайское озеро, и возможное их хранение в Коксарайском водохранилище для продуктивного использования в будущем.

Действия, не учтенные в анализе

Первоначальный анализ обобщенного перечня действий показал, что некоторые действия были более приемлемыми для анализа и моделирования, в то время как другие были связаны со значительными трудностями, которые делают их непригодными для анализа с использованием модели WHAT-IF; заинтересованные стороны также рассмотрели выбранные приоритетные действия в ходе указанного выше семинара с участием экспертов.

По этой причине ряд действия не был учтен в ходе количественной оценки и анализа с использованием модели WHAT-IF:

- D2: Снижение потерь воды в системах ВиК.
    - Возможности для улучшения с точки зрения снижения потерь воды в системе питьевого водоснабжения не анализировались, поскольку, по оценке, такое влияние на общее потребление поверхностных вод в бассейне является пренебрежимо малым. Причина этого заключается в том, что питьевую воду в основном забирают из источников подземных вод, которые гидравлически не связаны с поверхностными водами данного бассейна.
- D3: Учет водопользования
    - Это действие было исключено, поскольку модель WHAT-IF уже предусматривает варианты распределения водных ресурсов, которые оптимизируют экономический эффект. По этой причине тарифы на воду, отражающие нехватку воды, обычно не влияют на выбор культур и орошения. Если тарифы на воду будут увязываться с инвестициями и восстановлением системы подачи воды, внутрихозяйственного водопользования или дренажа, влияние может быть значительным, однако такое влияние будет сильно зависеть от вложения инвестиций в инфраструктуру, что позволит повысить производительность и, тем самым, ценность водных ресурсов. Действия, связанные с инвестициями и восстановлением, рассматриваются при анализе других действий, описанных в этом документе.
- D4: Преобразование землепользования и водопользования (пастбища)
    - Это действие не учитывалось, поскольку дать удовлетворительную оценку хозяйственной деятельности вверх по течению оказалось трудным с методологической точки зрения (что при необходимости следовало бы сделать в отношении производства не только мяса, но и сельскохозяйственных культур).
- D5: Рассмотрение возможностей для перехода от насосных систем к системам подачи воды самотеком (гравитационно)
    - Возможности для перехода от насосных систем к системам подачи воды самотеком не анализировались, поскольку оказалось трудным получить

должным образом описанные и консолидированные примеры районов, где такое действие является актуальным.

- S3: Уменьшение протяженности существующего канала
  - Данное действие не анализировалось, поскольку для правильного анализа потребовались бы подробные данные об урожайности и потерях в двух частях Шардаринской зоны планирования. Такие данные в готовом виде отсутствовали.
- S4: Рассмотрение возможностей для повышения уровня подачи подземных вод на орошение в определенных районах и использования насосов на солнечных батареях
  - Данное действие не анализировалось, поскольку предварительная оценка затрат на увеличение объема подачи подземных вод оказалась неблагоприятной по сравнению альтернативными вариантами увеличения снабжения водой. Кроме того, такое действие не было достаточно хорошо проработано и детализировано.
- S5: Адаптация водохозяйственной инфраструктуры к изменению климата
  - Данное действие не анализировалось по причине отсутствия детальной информации. Однако в определенной мере оно было включено в сценарии через схематические сценарии изменения климата (сокращение наличия водных ресурсов) и влияние изменения климата на выбранные действия.
- R2: Пополнение запасов подземных вод за счет паводковых вод.
  - Данное действие не анализировалось, поскольку, по предварительной оценке, вариант насосной подачи подземных вод оказался невыгодным.

Остальные действия были проанализированы с помощью модели WHAT-IF с использованием сценария и сюжетной линии, описанной в главе 1. Краткий перечень действий выглядит следующим образом:

- Капельное орошение (D1)
- Подача воды на орошение (S1)
- Дренаж (S2)
- Коксарайское водохранилище (R1)
- Шардаринский обводной канал (R3).

3.2. Сценарии

Нормальные по водности, засушливые и сильно засушливые годы

Данные сценарии не совпадают с кратким перечнем анализируемых действий. Эти действия и соответствующие инвестиции могут давать различные выгоды в зависимости от уровня водности конкретного года. Для анализа потенциального влияния изменения климата все эти действия проанализированы для обычного года (2012), засушливого года (2010) и сильно засушливого года.

Этот сильно засушливый год аналогичен засушливому году; разница лишь в том, что в сильно засушливый год уровень осадков и стока рек на 10% ниже по сравнению с засушливым годом.[1] Таким образом, он является примером влияния инвестиций в обстоятельствах, когда изменение климата привело к значительному уменьшению количества осадков/стока.[2]

Затем эти 15 сценариев (5 действий, умноженные на 3 года с разными количествами осадков) можно сравнить с тремя базовыми сценариями без инвестиций.

Сочетание действий

Сценарий может включать более одного действия (напр., систему подачи воды и дренаж). Благодаря различному сочетанию действий, модель можно использовать для анализа положительной и отрицательной синергии между парами и другие сочетания действий.

В конечном итоге можно проанализировать все действия в сочетании. Однако число таких комбинаций очень большое, и обычно целевой анализ с выбором нескольких сочетаний действий в целом оказывается достаточными для анализа синергии.

Как будет показано в главе 4, только инвестиции в системы дренажа могут, вероятно, иметь экономическую отдачу, обосновывающую инвестиционные затраты. Влияние других действий относительно небольшое и само по себе не может служить обоснованием соответствующих инвестиционных затрат. По этой причине все эти действия сочетаются с действием по дренажу. Одним исключением является Шардаринский обводной канал и увеличение емкости Коксарайского водохранилища, поскольку, по определению, воду из обводного канала невозможно хранить в Шардаринском водохранилище – ее следует подавать в Коксарайское водохранилище. Отсюда возникает вопрос: можно ли хранить воду из обводного канала в Коксарайском водохранилище, учитывая его нынешние размеры и объем.

Построение 33х сценариев

Ниже приводится перечень сценариев с описанием сочетания действий:

- Сценарий А: это сценарий под названием «бизнес-как-обычно» (или «обычный ход деятельности», ОХД) без принятия каких-либо действий из краткого перечня
- Сценарии В: 5 сценариев с одним действием в каждом сценарии
- Сценарии С: 4 сценария, комбинируя действие по дренажу (S2) с одним из других четырех действий
- Сценарий D: один сценарий, в котором действие по дренажу (S2) скомбинировано с действием по увеличению емкости Коксарайского водохранилища и с действием с Шардаринским обводным каналом (R1 и R3).

Эти 11 сценариев с различными возможными действиями были построены для обычного года, засушливого года и сильно засушливого года. Таким образом, всего получилось 33 сценария.

3.3. Сюжетные линии

Показ воздействия различных действий на потребление и распределение ресурсов

Как описано в главе 1, эти сюжетные линии позволяют выделить, каким образом различные действия влияют на потребление и распределение ресурсов. Для этого выполнено сравнение между различными сценариями и показаны изменения. Изменения можно показать двумя способами в зависимости от того, какое изменение требуется выделить:

- изменение в целом для каждого сценария в сюжетной линии
- изменение в каждом из сценариев относительно некоего выбранного сценария.

При показе изменений изменения всегда показываются относительно первого сценария в сюжетной линии.

6 сюжетных линий и анализ воздействия различных действий

Будут представлены два различных типа сюжетных линий, причем каждый для трех разных по водности лет (в обычный, засушливый и сильно засушливый год):

- Сюжетная линия: отдельно взятые действия
    - Сценарий ОХД является первым сценарием (сценарий А). Все действия сравниваются со сценарием ОХД (т.е. сценарий А сравнивается с 5ю сценариями В, см. перечень выше).
- Сюжетная линия: синергия
    - Сценарий по дренажу является первым сценарием. Все действия, комбинированные с действием по дренажу, сравниваются с действием по дренажу (сценарий С) плюс комбинированный сценарий по дренажу, и со сценарием по Коксарайскому водохранилищу плюс Шардаринский обводной канал (сценарий D).

Эти две сюжетные линии рассчитываются для обычного, засушливого и сильно засушливого года. Таким образом, всего было получено 6 сюжетных линий, а именно:

1. Отдельно взятые действия (обычный по водности год, или «нормальный год»).
2. Отдельно взятые действия (засушливый год).
3. Отдельно взятые действия (сильно засушливый год).
4. Синергия (обычный по водности год, или «нормальный год!).
5. Синергия (засушливый год).
6. Синергия (сильно засушливый год).

Данная структура позволяет проанализировать и определить, имеют ли различные действия различное влияние и различную синергию в зависимости от гидрологических условий, описанных для обычного по водности, засушливого и сильно засушливого года.

Примечания

1. Влияние действий для влажного года не указывается; оно аналогично влиянию действий для обычного года; причина в том, что в обычном году нехватки воды не отмечается.
2. Подчеркивается, что такой сильно засушливый год является только примером. Допущения при этом являются гипотетическими и не основанными на моделировании изменения климата.

Глава 4

Результаты и рекомендации

Настоящая глава представляет результаты анализа собранных данных, а также действий, сценариев и сюжетных линий, смоделированных и проанализированных с помощью модели WHAT-IF. Далее, в ней раскрываются пять ранее обозначенных в отчете действий – капельное орошение, подача воды, дренаж, Коксарайское водохранилище и Шардаринский обводной канал – с точки зрения затрат и влияния на имеющиеся ресурсы. С использованием ряда графиков в главе рассматриваются полученные результаты по землепользованию и доходности, данные об источнике чистого дохода в сельском хозяйстве и об использовании воды для орошения по зонам планирования. В главе также рассматриваются результаты, полученные в отношении землепользования, воздействия отдельных действий и их синергетического эффекта. Главу завершают резюме основных полученных результатов и оговорки, а также основные рекомендации проекта.

Основные рекомендации затрагивают необходимость сосредоточить внимание на рентабельности сельского хозяйства, дополняемой продуктивностью использования водных ресурсов. Другие рекомендации касаются повышения эффективности управления водными ресурсами в Казахстане в целом, а также применения модели WHAT-IF, как в РК, так и за пределами страны. Речь идет об одновременном повышении отдачи от гектара сельхозугодий и продуктивности водных ресурсов; о привлечении инвестиций в дренажные, транспортные системы и инфраструктуру рынка сельскохозяйственной продукции и продовольствия; о подготовке статистики о рентабельности сельского хозяйства и продуктивности водных ресурсов; об обеспечении наличия различных финансовых механизмов для различных типов инвестиций. Глава заканчивается рекомендациями о возможном применении модели WHAT-IF в качестве инструмента предварительной оценки и в стратегическом планировании.

Цель

Настоящая глава включает результаты и выводы, основанные на анализе собранных данных, а также на моделировании по модели WHAT-IF и анализе действий, сценариев и сюжетных линий. В порядке введения необходимо отметить, что действия, указанные в предыдущей главе, определены более детально с точки зрения затрат и влияния на имеющиеся ресурсы. Таким образом, рассмотрены собранные данные о землепользовании и затем представлены данные, касающиеся отдельных действий и их синергического эффекта. Все эти данные – а также дополнительные полученные уроки, если они релевантны – выделены в отдельных вставках для удобства чтения. Эта глава заканчивается набором оговорок и сводкой результатов.

4.1. Действия: затраты и влияние

Пять действий: затраты и влияние на имеющиеся водные ресурсы

В разделе 3.1 были определены 5 действий для дальнейшего анализа. В настоящем разделе они оценены более подробно с точки зрения затрат и влияния на имеющиеся ресурсы.

Капельное орошение

Капельное орошение было выбрано в качестве примера эффективных современных методов орошения. По сравнению с орошением напуском, предполагается, что применение капельного орошения снижает потери воды во внутрихозяйственной сети в результате инфильтрации и испарения с 40% до 10%. На настоящий момент капельное орошение используется на площади примерно 2 300 га из общей орошаемой площади 46 000 га в Шардаринской зоне планирования. При объеме водопользования (норме полива) около 5 000 м^3/га годовое водосбережение составляет 6,3 млн м^3/год. Начальные инвестиционные затраты составляют 1,33 млн. тенге/га, а операционные затраты составляют 416 000 тенге/га в год, что в итоге составляет 956 млн. тенге/год. Общие инвестиционные затраты по данному проекту составляют 3,0 млрд. тенге. При сроке эксплуатации 15 лет и ставке дисконтирования 3% капитальные затраты в годовом исчислении составляют 255 млн. тенге/год, а общие годовые затраты составляют 1 315 млн. тенге/год. Затраты на кубометр экономии воды составляют 205 тенге/м^3.

Подача воды

Модернизация (облицовка) Кызылкумского канала позволит повысить коэффициент полезного действия оросительного канала с 73% до 90%. Кызылкумский канал обеспечивает подачу 700 млн. м^3 в год, что даст экономию в 119 млн. м^3 в год. Ожидаемые общие инвестиционные затраты по данному проекту составляют 11 млрд. тенге. При процентной ставке в 3% капитальные затраты в годовом исчислении за 30 лет эксплуатации составят 562 млн. тенге/год. Стоимость кубометра сэкономленной воды составляет 6 тенге/м^3.

Дренаж

Новая система дренажа сооружается на 15% орошаемой территории в зоне планирования в Кызылорде, что эквивалентно 12 000 га. Начальные инвестиционные затраты составляют 123 000 тенге/га, а операционные затраты составляют 72 000 тенге/га за год. При сроке эксплуатации 15 лет и ставке дисконтирования 3% общие инвестиционные затраты по данному проекту составят 1,5 млрд. тенге. Капитальные затраты в годовом исчислении составляют 122 млн. тенге/год, а общие годовые затраты составляют 978 млн. тенге/год. Затраты на гектар дренажа составляют 572 000 тенге/га.

Коксарай

Объем Коксарайского водохранилища может быть увеличен с 3 до 4 км^3, что, возможно, также позволит лучше регулировать подачу воды на орошение в весенние и летние месяцы. Основной целью увеличения емкости водохранилища считается защита от паводков. По этой причине капитальные затраты не учитываются при моделировании любых возможных выгод от орошаемого сельского хозяйства.

Шардаринский обводной канал

Шардаринский обводной канал обеспечивает возможность для подачи паводковой воды далее вниз по течению вместо ее сброса в Арнасайскую низменность в Узбекистане. Таким образом, дополнительные запасы воды в зимний период можно собирать в Коксарайском водохранилище и использовать для орошения в летнее время. Для обычного года (2012) дополнительные запасы воды на орошение составляют 1,6 км^3, для засушливого года (2010) эти запасы составляют 0,34 км^3. Основной целью обводного канала считается защита от паводков. По этой причине капитальные затраты не учитываются при моделировании любых возможных выгод от орошаемого сельского хозяйства.

Общий обзор

Три указанных выше действия (подача воды, капельное орошение и дренаж) включают инвестиционные затраты, связанные главным образом с сельским хозяйством. Затраты на два других действия (обводной канал и Коксарайское водохранилище) связаны в основном с защитой от паводков. Данные, касающиеся трех действий, связанных с сельским хозяйством, представлены в обобщенном виде в таблице 4.1.

Следует отметить, что действие по улучшению системы подачи воды, представленное в виде затрат на экономию кубометра воды (т.е. 4 тенге/м^3), кажется намного дешевле по сравнению с действием по водосбережению за счет капельного орошения (т.е. 205 тенге/м^3). В то же время важно добавить, что проведенный анализ не учитывал тот факт, что внедрение капельного орошения, как правило, повышает продуктивность земель и тем самым урожайность, создавая дополнительные выгоды помимо выгод от водосбережения; причем зачастую такие дополнительные выгоды превышают выгоды от водосбережения. Причина, по которой урожайность в расчет не принимается, заключается в том, что получение надежных данных относительно увеличения урожайности оказалось невозможным. Следует также обратить внимание на то, что дренаж, в отличие от капельного орошения, увеличивает только урожайность, и в этой связи имеет очевидный и существенный эффект.

Таблица 4.1. **Основные данные, касающиеся трех действий, требующих инвестиционных затрат**

Категория	Единица измерения	Капельное орошение	Подача воды	Дренаж
Площадь	га	2 288	отсутствует	11 886
Водосбережение	млн $м^3$	6	129	0[2]
Удельные капитальные затраты CAPEX	тенге/га	1 330 000	0	123 000
Удельные постоянные эксплуатационные затраты FOPEX	тенге/га	416 000	0	72 000
Всего капитальных затрат CAPEX	млн тенге	3 043	11 006	1 462
Срок эксплуатации	год	15	30	15
Годовые капитальные затраты CAPEX	млн тенге	255	562	122
Годовые эксплуатационные затраты OPEX	млн тенге	952	0	856
Годовые общие затраты	млн тенге	1 207	562	978
Удельные затраты, на 1 $м^3$ воды	тенге/$м^3$	190	4	отсутствует
Удельные затраты, на 1 гектар	1 000 тенге/га	527 410	отсутствует	82 303

Примечания: 1. Увеличение емкости Коксарайского водохранилища и Шардаринский обводной канал в таблице не показаны, поскольку предполагается, что затраты на эти проекты связаны с защитой от паводков, а не с орошаемым сельским хозяйством.

2. Возвратную воду, собираемую системой дренажа, можно использовать повторно для орошения. Такое повторное использование воды, обеспечивающее ее сбережение, здесь не учитывалось.

Источник: см. Приложение Ж.

4.2. Полученные результаты, касающиеся землепользования и доходности

Землепользование

Основным акцентом сельского хозяйства в Кызылординской области является производство риса и в определенной степени кормовых культур, см рисунок 4.1. Рис фактически не производится в Южно-Казахстанской области. В этой области Мактааральский и Шардаринский районы выращивают в основном хлопок, в то время зерновые, фрукты, овощи и дыни выращивают преимущественно в зонах планирования АРТУР и ЧАКИР.

Использование воды на орошение в зонах планирования в Кызылординской области почти полностью связано с выращиванием риса, см. рисунок 4.2. Причина заключается в том, что рис – это культура с самой высокой “оросительной нормой” (в $м^3$ на 1 га), в несколько раз выше оросительных норм большинства других культур.

Широкое распространение риса обусловливает тот факт, что в Кызылординской области используется 59% общего объема потребления воды на орошение в этих двух областях, хотя здесь находится лишь 30% орошаемых земель, о чем свидетельствуют полученные данные.

Рисунок 4.1. **Землепользование по зонам планирования – рис и кормовые культуры – основные сельскохозяйственные культуры в Кызылординской области**

Землепользование, в разрезе культур (1 000 га)

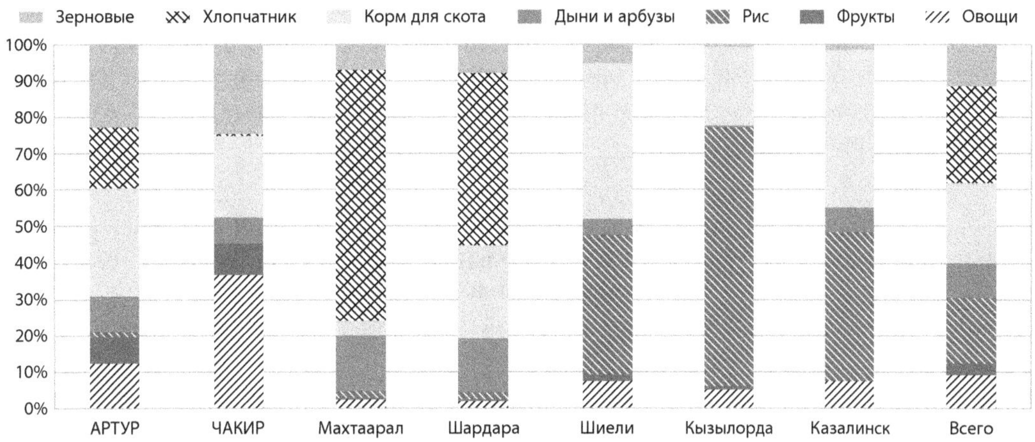

Источник: график получен с помощью модели WHAT-IF.

Рисунок 4.2. **Использование воды на орошение различных культур по зонам планирования – в Кызылординской области орошение более всего ориентировано на выращивание риса**

Структура использования воды на орошение различных культур по зонам планирования, %

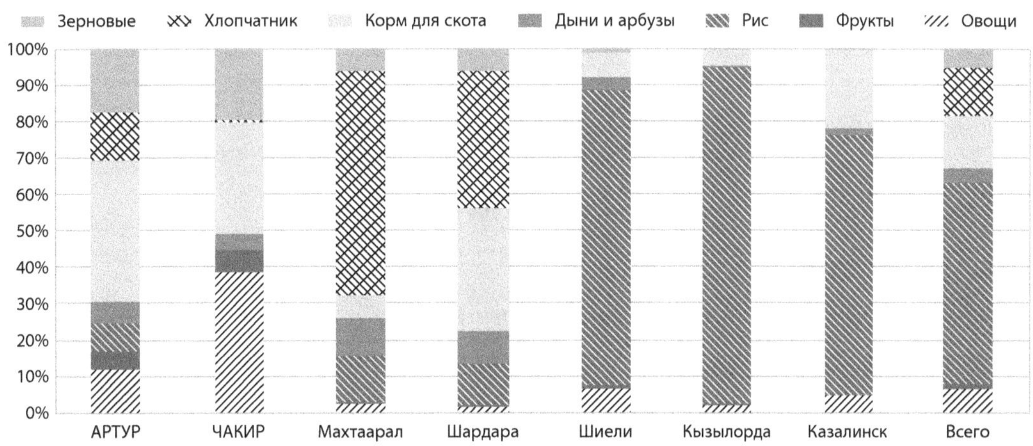

Источник: график получен с помощью модели WHAT-IF.

Доход от сельского хозяйства

Чистый доход от сельского хозяйства также сильно зависит от выращивания риса в Кызылординской области, а также фруктов и овощей в Южно-Казахстанской области, см. рисунок 4.3. Что касается риса, это неудивительно, учитывая широкую распространенность этой культуры в Кызылординской области. Что касается фруктов и овощей, высокий чистый доход показывает, что фрукты и овощи являются одними из наиболее доходных культур с точки зрения чистого дохода на гектар. Чистый доход определяется как ценность культуры (цена *франко ферма*) минус затраты навыращивание (включая также зарплату)[1]. Доля Кызылординской области в сумме всех доходов от сельского хозяйства в этих двух областях составляет 41 %, в то время как доля Южно-Казахстанской области сосатвляет остальные 59 %.

Собранные данные показывают, что затраты на производство кормовых культур превышают стоимость этих культур (как показано на рисунке 4.3, доля кормовых культур в доходах имеет отрицательное значение). В то же время предполагается, что производство кормовых культур не меняется в зависимости от анализируемых сценариев, поскольку не меняется поголовье скота. Кроме того, некоторая часть доходов может быть возмещена в животноводстве, т.е. полученные цифры не указывают на то, что животноводство и производство кормовых культур в совокупности являются неприбыльными.

Рисунок 4.3. **Чистые доходы от сельского хозяйства по зонам планирования в разрезе выращиваемых культур – в основном они обеспечиваются за счет выращивания риса, фруктов и овощей**

Структура чистого дохода от сельского хозяйства в разрезе выращиваемых культур по зонам планирования, %

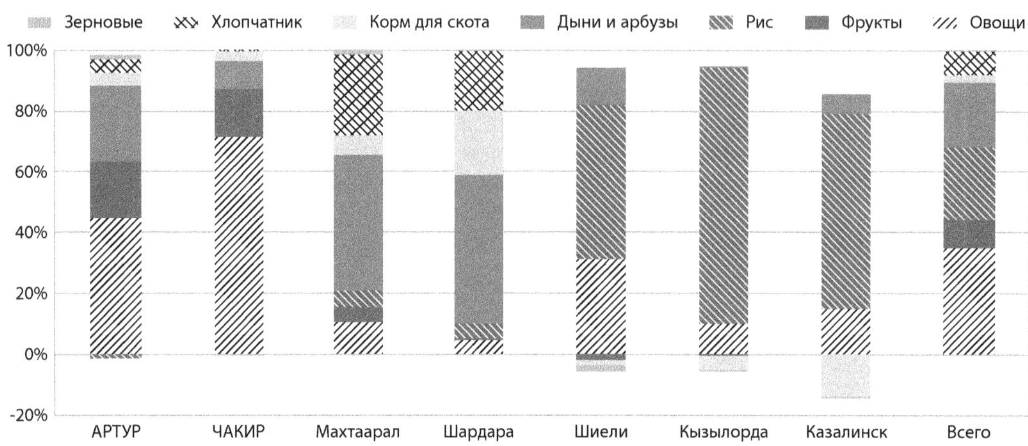

Источник: график получен с помощью модели WHAT-IF.

Прибыльность в расчете на единицу земельной площади

Овощи, фрукты, дыни, арбузы и рис являются наиболее прибыльными сельскохозяйственными культурами, если получаемую прибыль (чистый доход) сопоставлять с площадью орошаемых земель, см. рисунок 4.4. Согласно полученным данным, дыни и арбузы приносят некоторый доход, в то время как хлопок, зерновые и кормовые культуры едва ли приносят чистый доход (или даже убыточны для фермеров).

Доходность в расчете на единицу потребления воды

В то же время рис становится одной из наименее прибыльных сельскохозяйственных культур, если производить расчет по другому показателю – чистому доходу на кубометр воды, используемой на орошение. Это еще одно следствие относительно высокой оросительной нормы для риса. Фрукты, овощи, арбузы и дыни по-прежнему являются наиболее прибыльными сельскохозяйственными культурами, см. рисунок 4.5.

Рисунок 4.4. **Овощи, фрукты и рис являются наиболее прибыльными культурами в расчете на гектар**

Прибыль, 1000 тенге/гектар

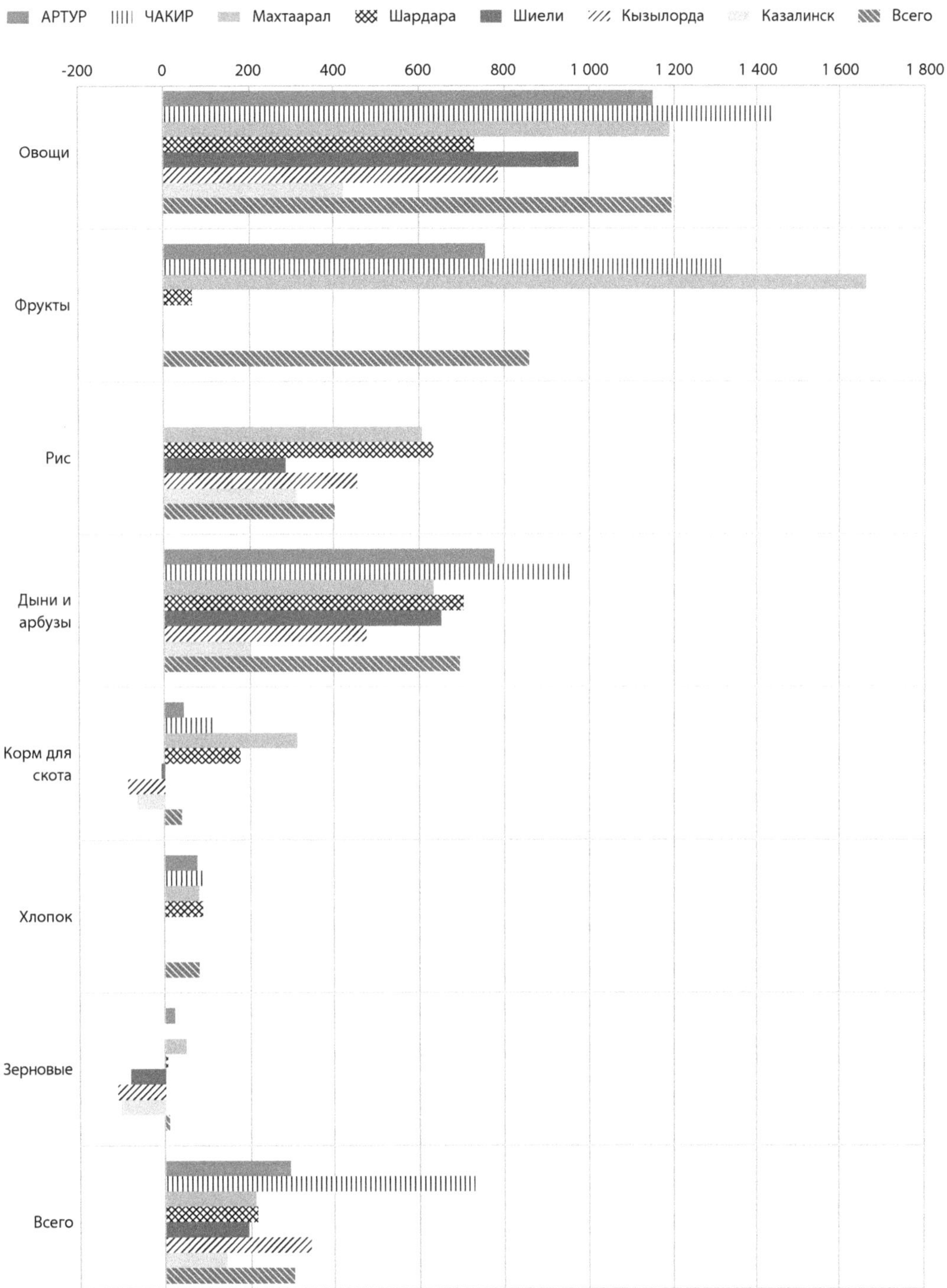

Источник: график получен с помощью модели WHAT-IF.

Рисунок 4.5. **Рис становится одной из наименее прибыльных культур в пересчете на чистый доход на кубометр воды, использованной на орошение**

Прибыль, 1000 тенге/м³

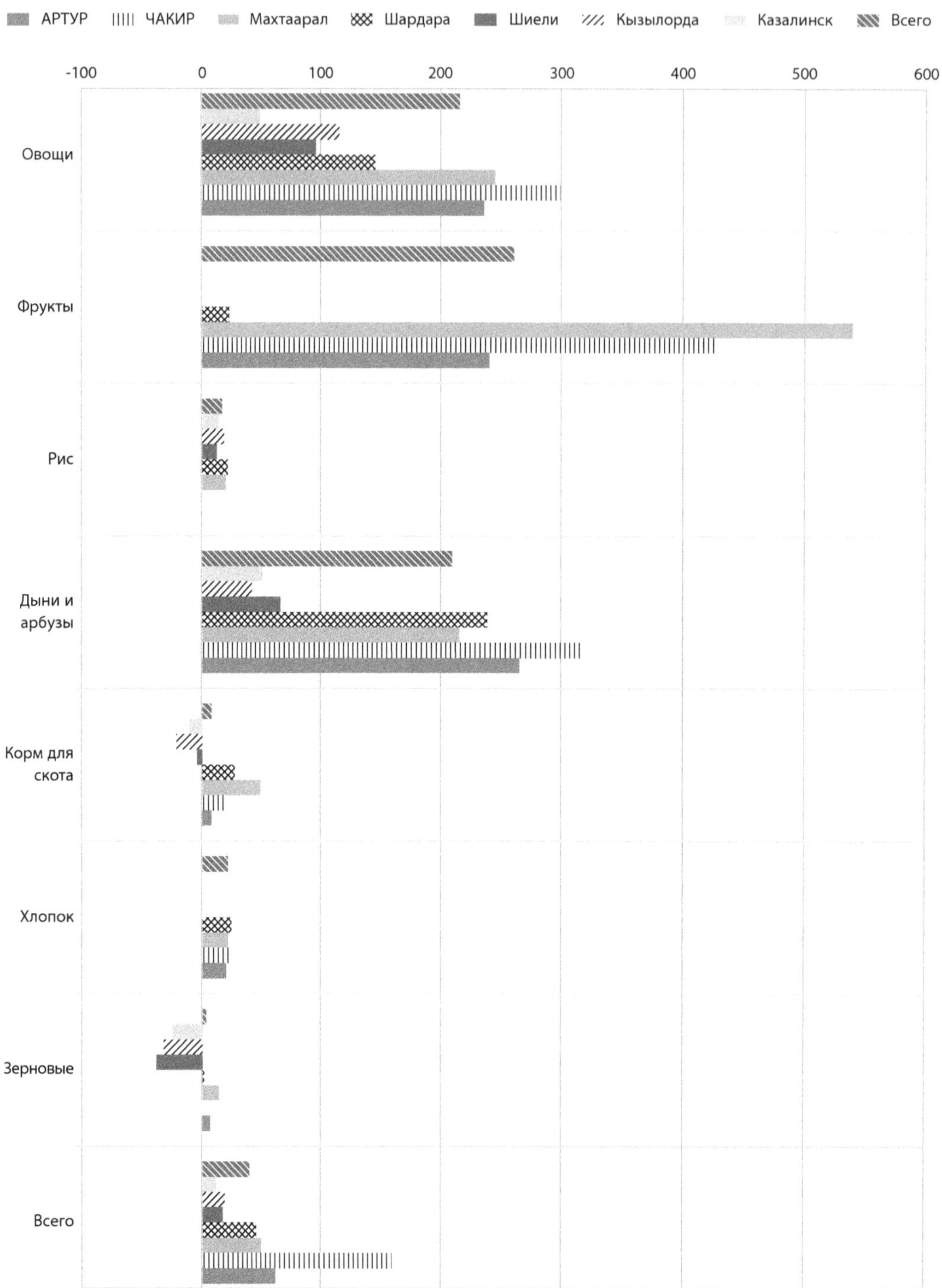

Примечание: используемые удельные затраты взяты без учета потерь в межхозяйственных и внутрихозяйственных системах подачи воды. При сравнении чистого дохода в расчете на кубометр используемой воды с удельными инвестиционными затратами на водосбережение, снижение потерь воды следует учитывать при расчете чистого дохода на кубометр используемой воды.

Источник: график получен с помощью модели WHAT-IF.

Ограниченность выбора фермеров?

Если сравнивать эти цифры, можно увидеть, что прибыль в расчете на кубометр используемой воды может оказаться намного ниже для культур, требующих интенсивного полива, по сравнению с прибылью в расчете на единицу используемой земельной площади. В результате встает вопрос: если воды недостаточно, почему не отказаться от выращивания культур, требующих интенсивного полива, таких как рис, которые приносят низкий чистый доход (низкую добавленную стоимость) на кубометр использованной воды, и не начать выращивать овощи и фрукты, которые приносят более высокий доход в расчете на кубометр используемой воды? Причин для этого может быть несколько, причем они, возможно, иногда даже случаются вместе:

- Нехватка воды не всегда столь уж сильно ощущается – по крайней мере в Кызылординской области
- Засоление сельхоз земель препятствует широкому выращиванию овощей и фруктов
- Небольшие масштабы местного рынка и высокие затраты при перевозке на большие расстояния, а также сопутствующие потери ограничивают экспорт фруктов и овощей в другие области РК.

Вставка 4.1. **Полученные результаты по землепользованию и прибыльности**

- Рис широко возделывается в Кызылординской области несмотря на то, что выращивание фруктов и овощей может повысить экономическую продуктивность сельского хозяйства, как с точки зрения использования земель, так и с точки зрения использования водных ресурсов.
- Если расчет производить на единицу используемой земельной площади, рис оказывается одной из наиболее прибыльных сельскохозяйственных культур. Однако при расчете на кубометр используемой воды, ситуация становится обратной и рис оказывается одной из наименее прибыльных сельскохозяйственных культур.
- Это показывает, что фактором, ограничивающим прибыльность сельского хозяйства, чаще является дефицит пригодной земли (с действующей системой орошения), а не нехватка водных ресурсов.
- Проблемы засоления, большие расстояния для перевозки и неразвитая транспортная инфраструктура могут быть факторами, ограничивающими возможности увеличения производства культур с высокой добавленной стоимостью в Кызылординской области.

Источник: выводы, полученные авторами на основании анализа в разделе 4.2.

4.3. Полученные результаты, касающиеся отдельно взятых действий

Отдельно взятые действия

Влияние отдельно взятых действий было исследовано с помощью модели WHAT-IF. Эта модель позволяет промоделировать оптимальное поведение фермеров при изменении внешних условий (напр., при изменении водообеспеченности благодаря действиям по водосбережению, или изменении урожайности культур благодаря действиям, направленным на повышение экономической рентабельности сельского хозяйства).

Сюжетные линии для отдельно взятых действий и различных гидрологических годов хорошо подходят для анализа влияния отдельно взятых действий.

4.3.1. Изменения в землепользовании

Обычный по водности год

Предполагается, что в обычном году используется вся имеющаяся земля, обеспеченная хорошо функционирующей системой орошения (примерно 491 000 га). По этой причине единственным установленным действием, влияющим на землепользование, является действие по дренажу. Это значительно увеличивает возможности для выращивания овощей, которые являются наиболее прибыльными культурами. По этой причине фермеры используют новые дренируемые площади для овощей. Другие действия влияют только на водообеспеченность; однако они не влияют на обрабатываемые (используемые) земельные участки. Поскольку возделываются все пригодные земли, дополнительные объемы воды, обеспечиваемые за счет экономии и других действий, не могут быть использованы. То есть такие дополнительные объемы воды будут сброшены в Аральское море и другие озера, см. рисунок 4.6.

Рисунок 4.6. **Изменение площадей используемых земель относительно ОХД – сюжетная линия, отдельно взятые действия (в обычный по водности год)**

1000 га, все области

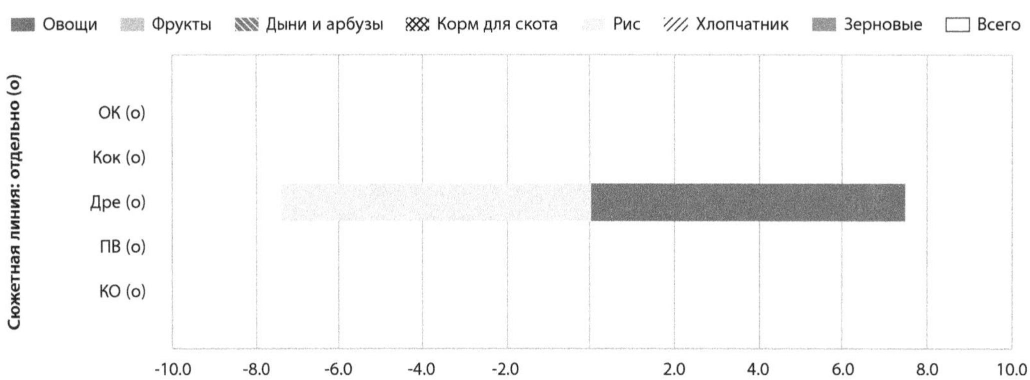

Примечания: 1. Только данные по дренажу, поскольку это единственное действие, влияющее на культивируемые земельные площади в «Сюжетная линия, отдельно взятые действия (обычный год)» (обзорный анализ сюжетных линий см. в разделе 3.3).

2. «ОК» – обводной канал, «Кок» – Коксарай, «Дре» – дренаж, «ПВ» – подача воды, «КО» – капельное орошение (см. 5 действий в разделе 3.1), «о» – обычный год.

Источник: расчеты по модели WHAT-IF.

Засушливый год

В засушливый год водообеспеченность снижается по сравнению с обычным годом (примерно на 3 км^3 – с 25,5 км^3 до примерно 22 км^3), однако при этом по-прежнему используются все орошаемые земли. Применение действий (мер), обеспечивающих дополнительные объемы воды, позволяет увеличить площади для производства сельскохозяйственных культур, требующих больших объемов поливной воды, например, риса.

Поскольку уже используются все орошаемые земли, увеличение объемов производства риса означает, что другие культуры должны выращиваться на меньшей площади. Учитывая допущения в отношении затрат на выращивание и цен на культуры, хлопок становится наименее прибыльной сельскохозяйственной культурой. По этой причине вместо хлопка предлагается выращивать рис.

Замена хлопка рисом осуществляется косвенным путем, когда уровень водообеспеченности увеличивается благодаря различным действиям. На юге Казахстана вместо хлопка предлагается выращивать арбузы и дыни, а в Кызылординской области примерно на такой же площади вместо арбузов и дынь предлагается выращивать рис. При этом местная торговля культурами позволяет переходить от одной к другой из двух основных товарных культур, выращиваемых в том же регионе. Эти изменения в землепользовании проиллюстрированы на рисунке 4.7.

Рисунок 4.7. **Изменение в использовании земельных площадей относительно ОХД – сюжетная линия, отдельно взятые действия (засушливый год)**

1000 га, все области

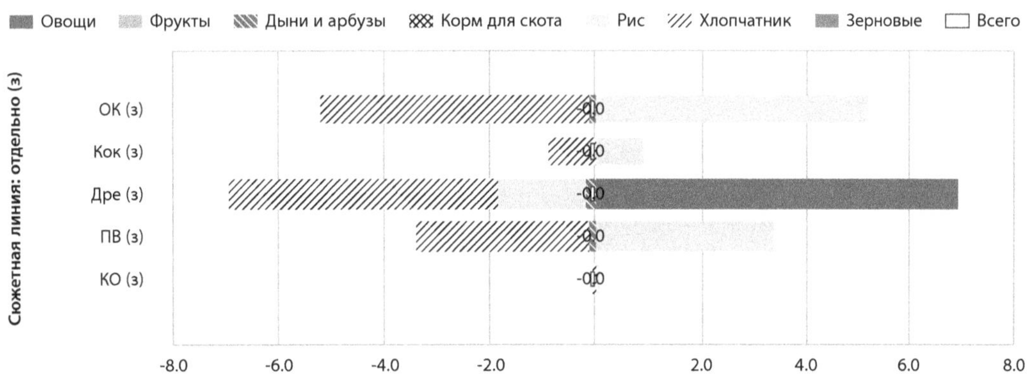

Примечания: 1. Капельное орошение не влияет на культивируемые земельные площади в «Сюжетная линия, отдельно взятые действия (засушливый год)».

2. «ОК» – обводной канал, «Кок» – Коксарай, «Дре» – дренаж, «ПВ» – подача воды, «КО» – капельное орошение (см. 5 действий в разделе 3.1), «з» – засушливый год.

Источник: расчеты по модели WHAT-IF.

Сильно засушливый год

Сильно засушливый год иллюстрирует ситуацию, когда наличие водных ресурсов еще более ограничено, поскольку водообеспеченность здесь составляет всего около 20 км^3. При нехватке воды площади используемых орошаемых земель сокращаются примерно на 35 000 га – до 456 000 га. Действия, направленные на повышение водообеспеченности, также непосредственно увеличивают площадь используемых орошаемых земель, см. рисунок 4.8.

Рисунок 4.8. **Изменение в землепользовании относительно ОХД – сюжетная линия, отдельно взятые действия (сильно засушливый год)**

1000 га, все области

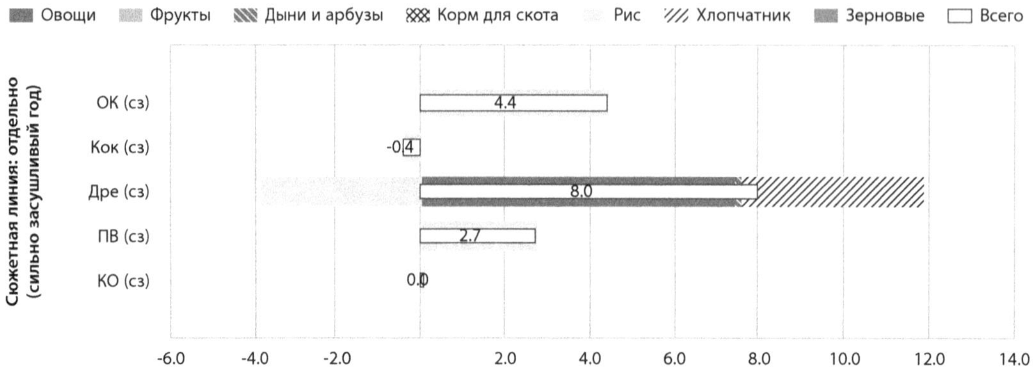

Примечания: «ОК» – обводной канал, «Кок» – Коксарай, «Дре» – дренаж, «ПВ» – подача воды, «КО» – капельное орошение (см. 5 действий в разделе 3.1), «сз» – сильно засушливый год.

Источник: расчеты по модели WHAT-IF.

Модернизация Кызылкумского канала позволит увеличить площади для выращивания риса в Кызылорде на 2 700 га, в то время как подача паводковой воды в обход города Шардара позволит увеличить площади для выращивания риса на 4 400 га. Действие по дренажу увеличит земельные площади, используемые для выращивания овощей в Кызылординской области, за счет площадей, сегодня

Вставка 4.2. **Полученные результаты оценки отдельных действий**

- В условиях достаточного наличия земельных ресурсов и ограниченности пригодных орошаемых земель, проанализированные действия, направленные на водосбережение, оказывают незначительное влияние или вообще не оказывают влияния на землепользование и на выбор возделываемых культур.
- В условиях некоторой нехватки пригодных земельных участков применение мер, направленных на водосбережение, позволяет выращивать более ценные культуры, требующие меньше воды для полива, вместо менее ценных культур, требующих интенсивного полива, поскольку земля по-прежнему является в некоторой мере ограничивающим фактором.
- В условиях нехватки воды для орошения всех пригодных для возделывания земель, применение мер, направленных на водосбережение, увеличивает площади используемых орошаемых земель и позволяет получить дополнительную выгоду от этого.

Дополнительные выводы

- Перевозка и продажа сельскохозяйственной продукции в других регионах может позволить выбирать наиболее приемлемые земли в одном географическом районе в целях расширения производства выгодной культуры и снизить производство другой, менее выгодной культуры в другом географическом регионе.

Источник: выводы, полученные авторами на основании анализа в разделе 4.3.1.

отводимых под рис. Поскольку выращивание риса требует интенсивного полива, такая замена культур позволяет сэкономить еще больше пресной воды для выращивания хлопка на юге Казахстана.

Влияние капельного орошения весьма незначительно, а увеличение емкости Коксарайского водохранилища позволит несколько увеличить ценность использования воды для выработки гидроэлектроэнергии на Шардаринской ГЭС, хотя в конечном итоге это несколько уменьшит общую площадь используемых орошаемых земель.

4.3.2. Распределение экономического излишка между участниками рынка

Обычный год

Дренаж является хорошим вложением средств в обычном году. Это объясняется тем, что снижение уровня засоления почвы позволяет выращивать на дренируемых землях намного более прибыльные овощи. Строительство обводного канала и увеличение емкости Коксарайского водохранилища не дает заметного благоприятного эффекта для орошаемого сельского хозяйства. Это не удивительно, учитывая большие запасы воды (по сравнению с площадью орошаемых земель) в обычный год.

Кроме того, обеспечение дополнительных объемов воды благодаря вложению средств в капельное орошение и модернизацию системы подачи воды в Кызылкумском канале не имеет экономической ценности, учитывая в целом большие запасы водных ресурсов. Это повлечет за собой только затраты без какой-либо ощутимой выгоды от таких действий в обычном году. Обращаем внимание на то,

Рисунок 4.9. **Изменение излишка относительно ОХД по типу участников – сюжетная линия, отдельно взятые действия (в обычный год)**

Млрд. тенге

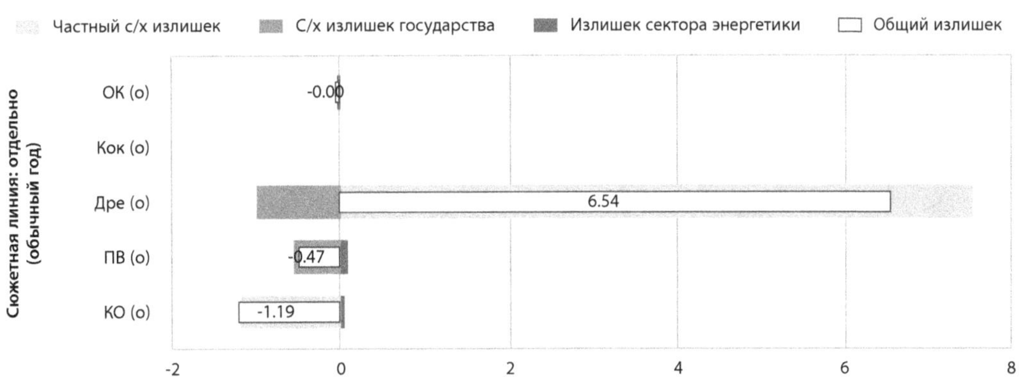

Примечания: 1. **«Частный с/х излишек»**– это сумма излишка потребителей и производителей сельхоз продукции. **«С/х излишек государства»** – это аннуитетные платежи, эквивалентные произведенным инвестиционным затратам или субсидиям из государственного бюджета.

2. «ОК» – обводной канал, «Кок» – Коксарай, «Дре» – дренаж, «ПВ» – подача воды, «КО» – капельное орошение (см. описание пяти действий в разделе 3.1), «о» – обычный год.

Источник: Расчеты по модели WHAT-IF.

что повышение продуктивности земель невозможно, поскольку уже в настоящее время использование земель является оптимальным. Можно предположить, что сэкономленную воду можно использовать для расширения площадей возделываемых земель. В то же время имеющиеся данные говорят о том, что пригодные для этого земли не всегда имеются в наличии (см. вставку 4.1 выше).

Поскольку в сценариях не предусмотрены изменения налогообложения или другого финансирования, основное финансовое бремя инвестиций ложится на публичный сектор (государственный бюджет). Потребители и производители сельскохозяйственной продукции получают экономический излишек от вложения средств в системы дренажа. Это показано на Рисунке 4.9.

Кроме того, обеспечивается некоторая польза при реализации сценария, касающегося системы подачи воды, благодаря выработке гидроэнергии, поскольку сокращение потерь воды в Кызылкумском канале позволяет увеличить объем подачи воды на гидроэлектростанцию в Шардаринском водохранилище для выработки ценной электроэнергии.

Засушливый год

Когда анализируются те же действия, предпринятые в засушливом году, результаты будут примерно такими же, за исключением того, что для всех действий, кроме капельного орошения, излишек будет несколько выше, чем в обычном году. Водные ресурсы, сэкономленные за счет инвестиций, будут иметь чуть большую ценность, поскольку располагаемые объемы воды не являются достаточно большими, чтобы обеспечить полное производство наиболее ценных культур, требующих интенсивного полива. Распределение экономического излишка показано на рисунке 4.10.

Рисунок 4.10. **Изменение излишка относительно ОХД по типу участников – сюжетная линия, отдельно взятые действия (в засушливый год)**

Млрд. тенге

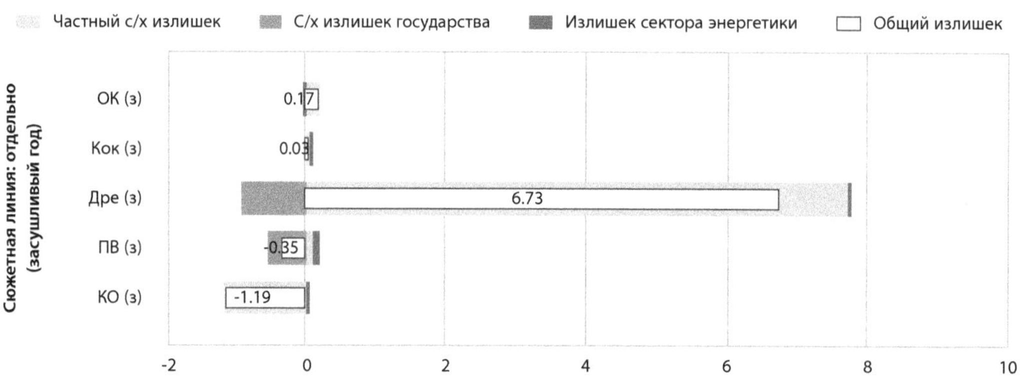

Примечания: «ОК» – обводной канал, «Кок» – Коксарай, «Дре» – дренаж, «ПВ» – подача воды, «КО» – капельное орошение (см. 5 действий в разделе 3.1), «з» – засушливый год.

Источник: расчеты по модели WHAT-IF.

При моделировании тех же отдельно взятых действий в сильно засушливом году, эффект, наблюдаемый в засушливый год, усиливается значительно. Действие, предполагающее строительство обводного канала, даст значительную выгоду примерно в размере 1 млрд тенге/год несмотря на то, что объемы паводковых вод в сильно засушливом году намного меньше (0,4 км^3), чем в обычном году (1,7 км^3). Эта польза обусловлена большей ценностью воды, поскольку это позволит увеличить площадь орошаемых земель, используемых в засушливый год. Водосбережение после модернизации Кызылкумского канала также будет иметь столь большую ценность, что экономическая выгода от использования дополнительных земель, орошаемых водой, которая ранее терялась в канале, превысит аннуитетные платежи, эквивалентные произведенным инвестиционным затратам. Это показано на рисунке 4.11.

Рисунок 4.11. **Изменение излишка относительно ОХД по типу участников – сюжетная линия, отдельно взятые действия (в сильно засушливый год)**

Млрд. тенге

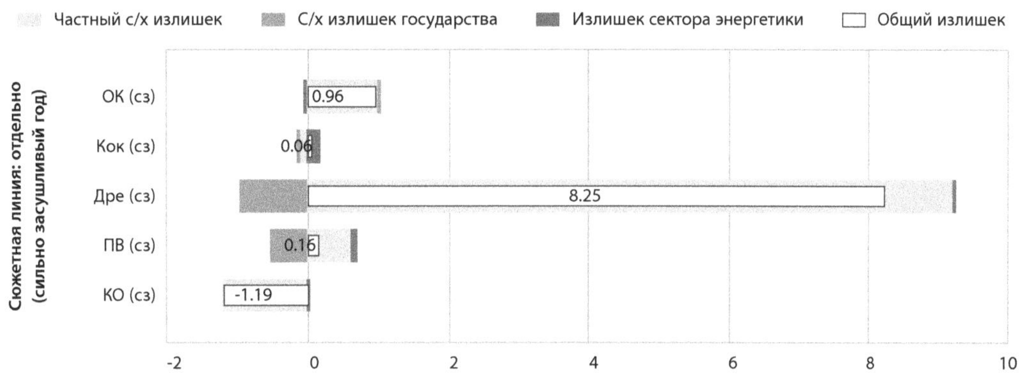

Примечания: «ОК» – обводной канал, «Кок» – Коксарай, «Дре» – Дренаж, «ПВ» – подача воды, «КО» – капельное орошение (см. 5 действий в разделе 3.1), «сз» – сильно засушливый год.

Источник: расчеты по модели WHAT-IF.

Одной из причин невысокой эффективности действий, направленных на водосбережение, является то, что продуктивность использования воды в сельском хозяйстве, выраженная в тенге/м^3, является довольно низкой для большинства культур. Одним из последствий этого является то, что инвестиции, обеспечивающие дополнительные запасы воды, должны быть очень малозатратными с тем, чтобы обеспечить окупаемость произведенных инвестиционных затрат. Таким образом, повышение производительности сельского хозяйства обеспечит больше возможностей для инвестирования средств в водосберегающие технологии.

Вставка 4.3. **Результаты оценки инвестиций в дренаж и водосбережение**

- Вложение (инвестиции) в системы дренажа весьма существенно повышает продуктивность сельского хозяйства и оказывается прибыльным независимо от степени наличия или нехватки воды.
- Добавленная стоимость, создаваемая в сельском хозяйстве рассматриваемых областей благодаря применению мер, направленных на водосбережение, ниже аннуитетных платежей, эквивалентных произведенным инвестициям в эти действия – за исключением сильно засушливого года, когда нехватка воды носит серьезный характер.

Вставка 4.3 **Результаты оценки инвестиций в дренаж и водосбережение** *(продолжение)*

- Когда ощущается очень сильная нехватка воды, экономическая ценность дополнительных объемов воды, которые можно использовать на орошение, становится высокой, поскольку это позволит увеличить площадь возделываемых орошаемых земель. Экономические выгоды от расширения площади используемых земель, орошаемых за счет дополнительных объемов воды, несколько превышают затраты на водосберегающие технологии.
- При повышении производительности сельского хозяйства (напр., повышении урожайности благодаря улучшению систем дренажа, снижению транспортных расходов, лучшему использованию удобрений и пестицидов) экономическая ценность дополнительных объемов воды увеличится.

Источник: выводы, полученные авторами на основании анализа в разделе 4.3.2 для засушливого года и обычного года.

Распределение экономического эффекта

На рисунке 4.12 более детально анализируется отличие между ОХД и сценарием по дренажу (см. раздел 3.2) в засушливом году с точки зрения распределения экономического эффекта в разрезе областей и секторов. Цифры показывают, что в Кызылординской области и потребители, и производители сельхоз продукции получают выгоду от действий по дренажу. Производители могут увеличить поставки овощей, поскольку они могут повысить урожайность и тем самым свои

Рисунок 4.12. **Изменение излишка от инвестиций в дренажные системы относительно ОХД, в разрезе культур, участников и регионов (в засушливый год)**

Млрд. тенге

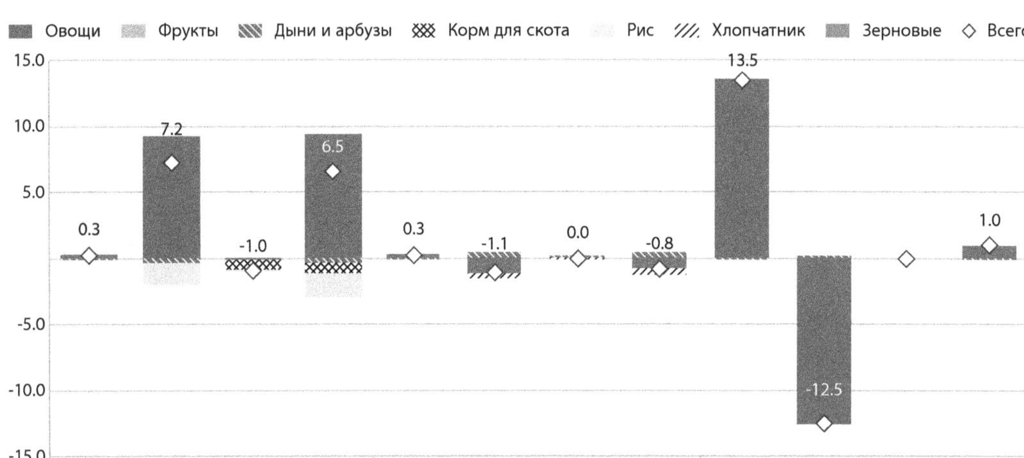

Примечания: «Потреб.» – потребители, «Произ.» – производители, «Гос.» – государство. «Дре» – дренаж, «з» – засушливый год.

Источник: расчеты по модели WHAT-IF.

прибыли. Польза для потребителей обусловлена тем, что рост предложения снижает рыночную цену овощей.

Кроме того, производители сокращают объемы выращивания риса. Это оказывает незначительное влияние или вообще не влияет на потребителей в Кызылординской области, поскольку большая доля выращиваемого риса экспортируется, а цена на рис остается устойчивой, т.к. определяется на мировом рынке.

Картина несколько отличается, если сравнить южный регион и остальную территорию Казахстана. Увеличение поставок овощей из Кызылординской области несколько снижает цену на овощи на этих рынках. Потребители на таких рынках выигрывают, однако в то же время имеется отрицательный эффект для производителей.

Сценарий, предполагающий строительство Шардаринского обводного канала представляет собой еще один интересный пример экономического эффекта (в засушливом году) от вложения инвестиций в водохозяйственную инфраструктуру, см. рисунок 4.13. Обводной канал увеличивает уровень водообеспеченности, таким образом, фермеры в Кызылординской области могут увеличить производство риса, если сравнивать с ситуацией без обводного канала. Однако в засушливом году при ОХД вся орошаемая земля возделывается, то есть необходимо поменять состав выращиваемых культур. По этому сценарию вместо арбузов и дынь в Кызылординской области предлагается выращивать рис. Уменьшение объемов выращивания арбузов и дынь в Кызылординской области означает, что на юге Казахстана будет увеличен объем производства арбузов и дынь с их продажей в Кызылординскую область. При этом на юге вместо выращивания хлопка увеличивается объем производства арбузов и дынь. Эти эффекты также были описаны выше в разделе 4.3.2.

Рисунок 4.13. **Изменение экономического излишка от инвестиций в Шардаринский обводной канал относительно ОХД – в разрезе культур, участников рынка и регионов (засушливый год)**

Млрд. тенге

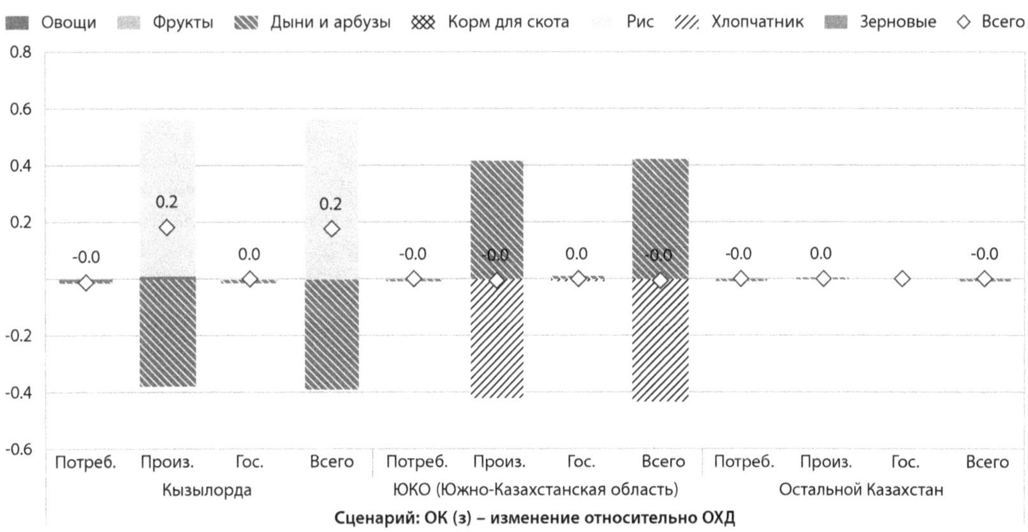

Примечания: «Потреб.» – потребители, «Произ.» – производители, «Гос.» – государство. «Дре» – дренаж, «з» – засушливый год.

Источник: расчеты по модели WHAT-IF.

Вставка 4.4. **Дополнительные выводы**

- Действия, обеспечивающие увеличение производства сельхоз культур, потребляемых в местах производства, снижают рыночную цену на эти культуры. Если экономическая рентабельность для производителей остается без изменения (напр., при той же урожайности и затратах на выращивание), это означает простое перераспределение излишка (денег) от производителей к потребителям. Другими словами, увеличение располагаемых объемов поливной воды пойдет на пользу в первую очередь потребителям, а не их производителям сельхоз продукции (кроме случаев сельхоз продукции, поставляемой на мировой рынок: например, хлопок, пшеница и рис).
- Если эти действия снижают себестоимость (затраты на производство) или увеличивают урожайность, в таком случае это оказывается полезным как для потребителей, так и для производителей. В то же время производители, которые не получают пользы от этого действия, могут столкнуться с отрицательным фактором воздействия в виде снижения цен – при отсутствии для них каких-либо иных положительных факторов этого действия.
- Действия, которые влияют только на производителей сельхоз продукции, продаваемой на мировом рынке, не влияют на других производителей или потребителей.

Источник: выводы, полученные авторами на основе анализа в разделе 4.3.2 в отношении распределения экономических эффектов.

Источник: расчеты по модели WHAT-IF.

4.3.3. Капитальные затраты и влияние на баланс государственных доходов и расходов

Капитальные затраты на осуществление различных действий классифицируются по категориям их применения, напр., на систему подачи воды, внутрихозяйственные системы и оборудование и водохранилища. На рисунке 4.14 приводится обзорный анализ аннуитетных платежей, эквивалентных затратам по произведенным инвестициям, с разбивкой по анализируемым действиям. Капитальные затраты являются одинаковыми независимо от того, для какого года проводился анализ – обычного, засушливого или сильно засушливого.

Капитальные затраты могут финансироваться из различных источников, напр., самими фермерами (напр., на внутрихозяйственное оборудование), или же за счет средств гос. поддержки (их гос. бюджета) или же из средств Ассоциаций водопользователей (АВП) из взносов фермеров – членов АВП. Предполагается, что фермеры будут сами финансировать внедрение систем капельного орошения, в то время как государство будет финансировать остальные работы через ассоциации водопользователей. На рисунке 4.15 представлено финансирование различных действий.

Изменение деятельности в сельском хозяйстве ведет к изменению доходов от налогов на землю и воду, что показано, с разбивкой по сценариям, на рисунке 4.16. Доходы от налогов зависят от площадей используемых земель и объемов используемой воды, что довольно просто с административной точки зрения. Все эти ресурсы используются почти в полном объеме, а чистый доход будет изменяться незначительно. Даже несмотря на то, что действия по дренажу создают значительную дополнительную ценность относительно ОХД, поступления от налогов снижаются, поскольку объем водопользования несколько уменьшается. Если бы налоги частично зависели от стоимости произведенной сельхоз продукции, данный сценарий обеспечил бы увеличение налоговых поступлений.

Рисунок 4.14. **Годовые капитальные затраты в зависимости от направлений использования – сюжетная линия, отдельно взятые действия (в обычный год)**

Млрд. тенге в год

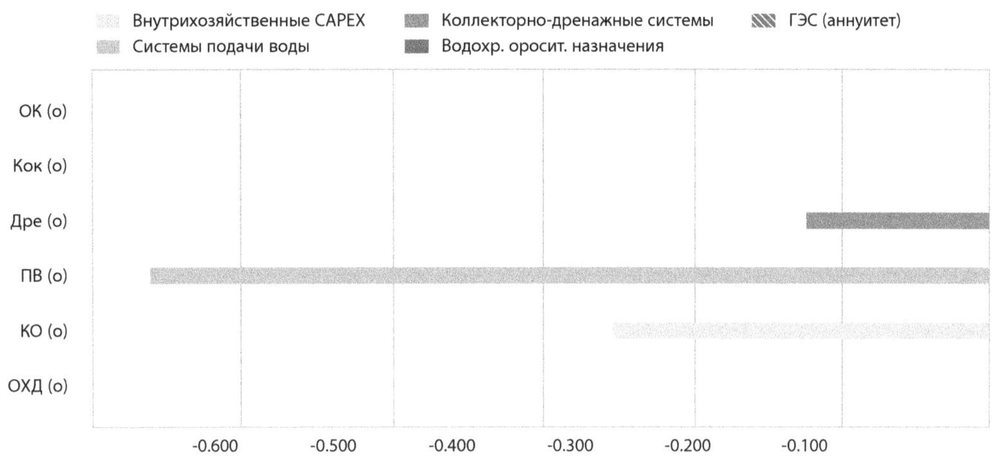

Примечания: «ОК» – обводной канал, «Кок» – Коксарай, «Дре» – дренаж, «ПВ» – подача воды, «КО» – капельное орошение (см. пять действий в разделе 3.1), «з» – засушливый год.

Источник: таблица 4.1.

Рисунок 4.15. **Годовые капитальные затраты с разбивкой по источникам финансирования – сюжетная линия, отдельно взятые действия (в обычный год)**

Млрд. тенге в год

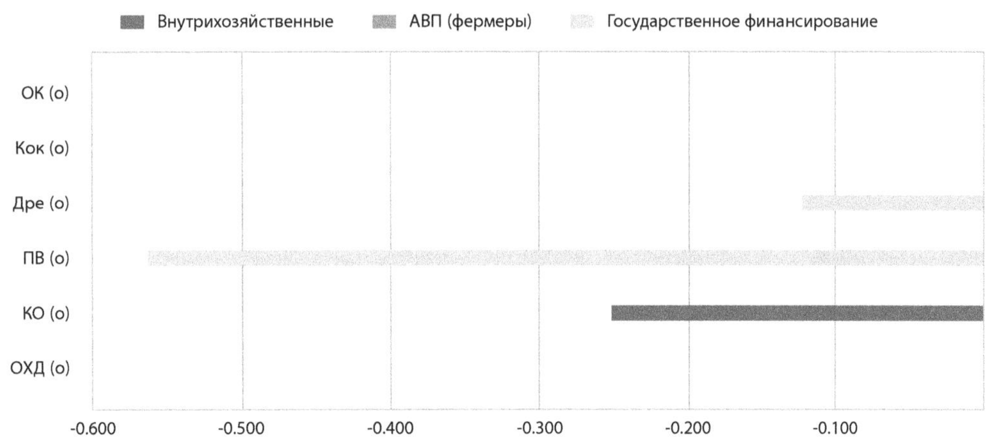

Примечания: «ОК» – обводной канал, «Кок» – Коксарай, «Дре» – дренаж, «ПВ» – подача воды, «КО» – капельное орошение (см. описание пяти действий в разделе 3.1), «о» – обычный год.

Источник: таблица 4.1 и другие собственные допущения.

Рисунок 4.16. **Чистый доход государства от налогов и субсидий, в млрд тенге/год – сюжетная линия, отдельно взятые действия (в обычный год)**

Млрд. тенге в год

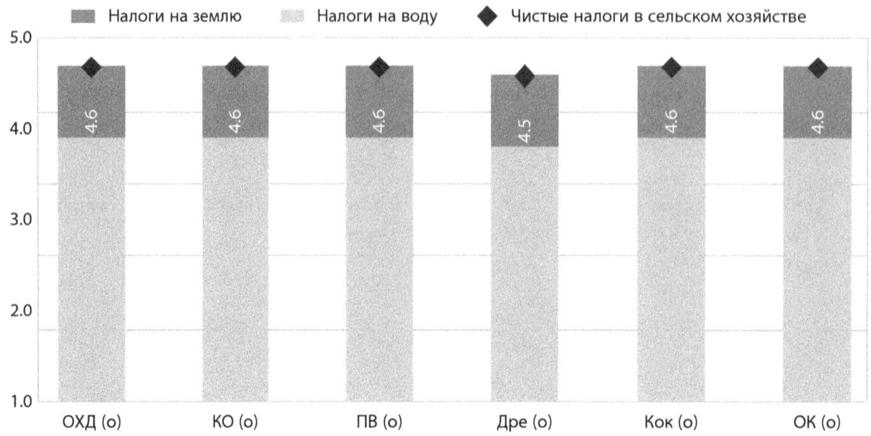

Примечания: «ОК» – обводной канал, «Кок» – Коксарай, «Дре» – дренаж, «ПВ» – подача воды, «КО» – капельное орошение (см. описание пяти действий в разделе 3.1), «о» – обычный год.

Источник: расчеты по модели WHAT-IF.

Общий смоделированный баланс между государственными доходами и расходами включает чистый доход от налогов и субсидий и расходы на финансирование действий через субсидирование объединений водопользователей. Затраты на финансирование намного превышают любые изменения в налоговых поступлениях, таким образом, все инвестиции приведут к ухудшению баланса государственных расходов, см. рисунок 4.17.

Рисунок 4.17. **Общий баланс государственных доходов и расходов – сюжетная линия, отдельно взятые действия (в обычный год)**

Млрд. тенге в год

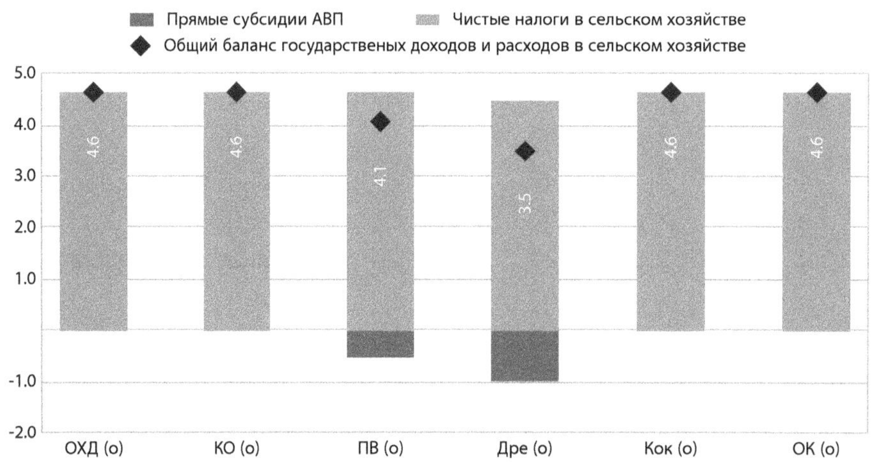

Примечания: «ОК» – обводной канал, «Кок» – Коксарай, «Дре» – дренаж, «ПВ» – подача воды, «КО» – капельное орошение (см. описание пяти действий в разделе 3.1), «о» – обычный год.

Источник: расчеты по модели WHAT-IF.

Вставка 4.5. **Результаты оценки влияния на бюджет**

Налоги за водопользование и землепользование могут быть простыми с административной точки зрения. В то же время налоговые инструменты имеют сложности с точки зрения получения выгоды для бюджета от стоимости, создаваемой государственным инвестированием в активы, которые увеличивают продуктивность земель и водных ресурсов.

Источник: выводы, полученные авторами на основании анализа в разделе 4.3.3.

4.4. Выводы, касающиеся синергии

Главное, что показали сценарии, предполагающие отдельно взятые действия, это то, что восстановление и развитие дренажа является наиболее прибыльным вложением средств. По этой причине все наши сюжетные линии, касающиеся синергии, начинаются с дренажа, и исследуют отличия между сценарием, предусматривающим только дренаж, и сценарием, предусматривающим дренаж в сочетании с другими действиями. Такие сценарии, предусматривающие комбинированные действия, показаны для обычного года на рисунке 4.18.

Рисунок 4.18. **Изменение излишка относительно действия по дренажу – сюжетная линия, синергия (в обычный год)**

Млрд. тенге

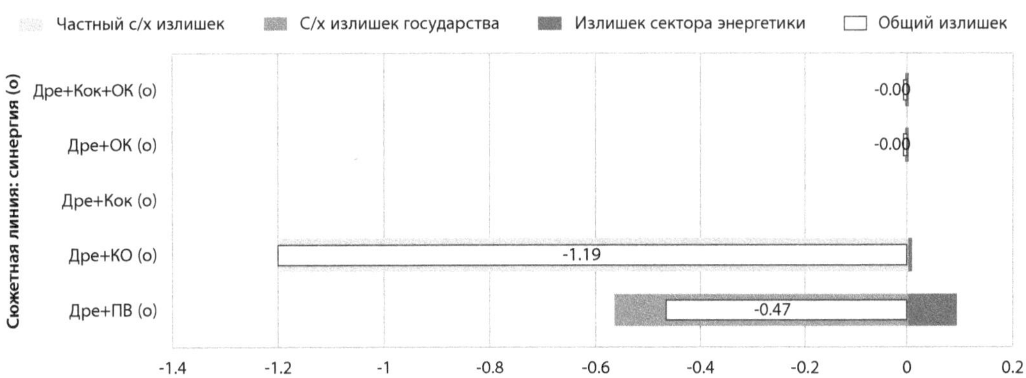

Примечания: «ОК» – обводной канал", «Кок» – Коксарай, «Дре» – дренаж, «ПВ» – подача воды, «КО» – капельное орошение (см. описание пяти действий в разделе 3.1), «о» – обычный год.

Источник: расчеты по модели WHAT-IF.

Сравнение рисунка 4.18 с рисунком 4.5 указывает на отсутствие синергии между рассматриваемыми двумя действиями в обычном году. Действия, касающиеся подачи воды и капельного орошения, дают абсолютно одинаковый эффект как вместе с действием по дренажу, так и без действия по дренажу.

Ничего удивительного нет в том, что синергия между действиями по дренажу и увеличению водообеспеченности является незначительной и (или) дает отрицательный эффект. Уже в настоящее время вода представляет собой относительно избыточный ресурс, в то время как сельскохозяйственные земли высокого качества являются дефицитным ресурсом. Получение дополнительных объемов воды в условиях, когда дренаж обеспечит наличие новых водных ресурсов благодаря переходу с выращивания риса, требующего интенсивного полива, на выращивание овощей, требующих меньше воды для полива, просто подрывает те небольшие преимущества, которые могут обеспечить действия, направленные на повышение уровня водообеспеченности.

Такое же сравнение для засушливого года (рисунок отсутствует) и сильно засушливого года (рисунок 4.19) дает примерно такую же картину, когда синергия оказывается либо нулевой, либо очень низкой или даже отрицательной. В частности, довольно большая экономическая выгода от строительства Шардаринскому обводному каналу снижается с 0,96 млрд тенге/год до 0,63 млрд тенге/год. Причина заключается в том, что применение дренажа помогает превратить поля для риса, требующего интенсивного полива, в поля для выращивания овощей, требующих существенно меньше воды для полива, что снижает нагрузку на водные ресурсы.

Рисунок 4.19. **Изменение излишка относительно действия по дренажу – сюжетная линия, синергия (сильно засушливый год)**

Млрд. тенге

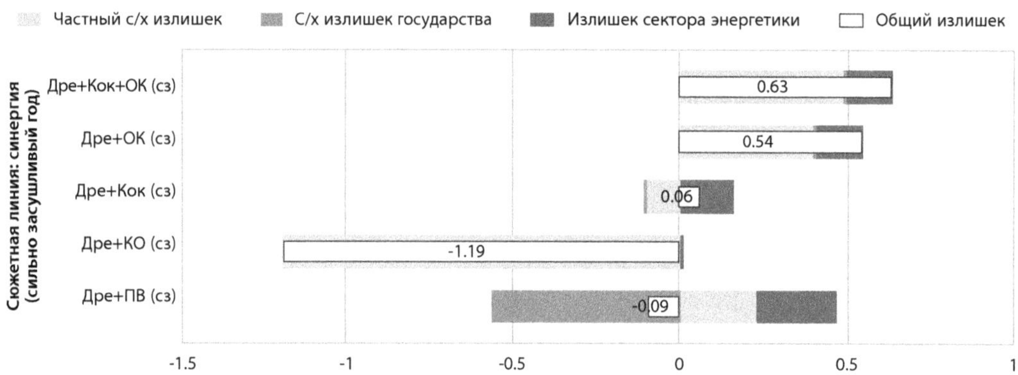

Примечания: «ОК» – обводной канал, «Кок» – Коксарай, «Дре» – дренаж, «ПВ» – подача воды, «КО» – капельное орошение (см. 5 действий в разделе 3.1), «сз» – сильно засушливый год.

Источник: расчеты по модели WHAT-IF.

Вставка 4.6. **Результаты оценки синергии**

Синергия между действиями, направленными на водосбережение и на дренаж, является низкой или вообще отсутствует. Это объясняется тем, что дренаж в условиях Кызылординской области снижает потребление водных ресурсов благодаря переходу с выращивания риса, требующего интенсивного полива, на выращивание овощей, требующих меньше воды для полива. Учитывая относительно высокий показатель водообеспеченности, увязка действий, направленных на водосбережение, с действиями по дренажу в Кызылординской области не дает никакой дополнительной экономической ценности или же такая экономическая ценность оказывается очень низкой.

Источник: выводы, полученные авторами на основании анализа в разделе 4.4.

4.5. Оговорки и допущения

Важно

Не удивительно, что анализ с использованием модели WHAT-IF, как и всякий другой, имеет свои ограничения. Ниже представлены оговорки, сопутствующие ограничениям, чтобы ничего не осталось скрытым от читателя.

Данные о наличии земельных угодий

Важной оговоркой является наличие орошаемых сельскохозяйственных земель. Полученные данные включают данные о возделываемых земельных площадях в 2010, 2012 и 2015 годах, за исключением Кызылординской области, где данные имеются только за 2015 год. Сделано допущение о том, что в каждой зоне планирования наличие земельных угодий представляет собой средний показатель за указанные три года. Как показывают результаты анализа, располагаемые объемы воды – по сравнению с имеющимися площадями орошаемых земельных угодий – являются достаточно большими по всем годам за исключением сильно засушливого года. Если используемые земельные площади фактически превышают площади, используемые в качестве допущения в настоящем анализе, то объемы водымогут быть недостаточны – и, следовательно, вода будет иметь большую ценность – по сравнению с использованными нами допущениями.

Самая большая площадь возделываемых земель была в 2010 году и составляла 395 000 га (только в Южно-Казахстанской области). Затем площадь возделываемых земель составляла примерно 320 000 га как в 2012 (обычном) году, так и в 2015 (засушливом) году. Сокращение площадей используемых земель может отражать нехватку воды и (или) ухудшение инфраструктуры системы орошения и качества земли, и (или) другие экономические факторы, ограничивающие привлекательность ведения сельского хозяйства. Поскольку площадь возделываемых земель остается одинаковой в обычном и засушливом году, данные в некоторой мере показывают, что нехватка воды не обязательно является причиной сокращения площади используемых земель сельхоз назначения.

Важно отметить, что рассматриваемые орошаемые земли являются «пригодными землями», т.е. их возделывание является экономически рентабельным. Это означает, что земли должны иметь разумно функционирующую систему подачи воды на орошение с обоснованным отсутствием проблемы засоления. Учитывая наличие больших земельных площадей в регионе, не отвечающих этому критерию, такие земли могут стать пригодными только при условии вложения значительных инвестиций в модернизацию системы подачи воды – а также, возможно, в системы дренажа. Данный анализ такие инвестиции не включает (и не должен включать). Скорее всего, ограниченное наличие земель, пригодных для орошаемого земледелия, отражает нехватку капитала для улучшения неиспользуемых земель и доведения их качества до уровня, пригодного для применения в сельском хозяйстве.

Данные о выращиваемых культурах

Выбор выращиваемых культур по модели в значительной мере зависит от допущений относительно культивирования и качества земли, транспортных затрат и рыночных цен на выращиваемые культуры. Однако моделируемая диверсификация сельскохозяйственного производства в отношении, например, видов культур, урожайности и технологий выращивания, в некоторой мере упрощается. Это означает, что анализируемое влияние в некоторой мере отражается в традиционном стиле и что культуры, отмеченные в настоящем анализе как наиболее прибыльные, могут оказаться не самыми прибыльными в других обстоятельствах. Полученные результаты следует рассматривать в этом свете, т.е. обстоятельства, обеспечивающие определенные инвестиции и выбор оптимального набора выращиваемых культур, и то, как это повлияет на социально-экономические условия в широком смысле.

В этой связи важно повторить, что надежные данные, касающиеся повышения урожайности после инвестирования средств в капельное орошение, получены не были. Следовательно, польза от расширения практики капельного орошения благодаря внедрению капельного орошения в данном анализе недооценивается, поскольку повышение уровня продуктивности земель и, тем самым, урожайности в расчет не принимается. Учтены только преимущества, обусловленные экономией водных ресурсов.

Модель

Данная модель предназначена для моделирования для одного года – в том смысле, что она не использует новые данные и их динамику относительно неопределенности погодных факторов и факторов водопользования выше по течению. Это означает, что выбор выращиваемых культур и распределение водных ресурсов основываются на идеальных прогнозах (идеальном предвидении). Что касается неопределенности относительно объемов поливной воды, фермерам, возможно, следует выбирать наименее рискованные культуры, даже если они являются наименее прибыльными. В результате данная модель может занижать ценность инвестиций, которые снижают риски, связанные с неопределенностью относительно объемов поливной воды.

В той мере, в какой модернизация ирригационной системы повышает надежность подачи воды на орошение, это может обеспечить рост объемов сельскохозяйственного производства. При меньшем риске засухи фермеры, возможно, предпочтут вкладывать средства в повышение продуктивности за счет использования более продуктивных (и в конечном итоге более дорогих) факторов производства (семян и т.п.). В частности, моделирование (анализ) в на перспективу нескольких лет будет способствовать принятию решения об увеличении емкости Коксарайского контр-регулятора.

Действия

Анализируемые здесь действия в целях упрощения рассматриваются как водосбережение или рентабельность сельского хозяйства при отсутствии синергии между этими двумя видами экономической выгоды, однако при многих условиях действия в системе орошаемого сельского хозяйства нацелены на улучшение и того и другого. Данный анализ позволяет показать, какая часть повышения эффективности обеспечит наиболее привлекательное улучшение.

Вставка 4.7. **Оговорки**

- Результаты анализа в значительной мере зависят от методов выращивания и цен на производимую продукцию, а также степени нехватки водных ресурсов по сравнению с площадями имеющихся подходящих орошаемых земельных угодий. Такие обстоятельства вполне могут меняться со временем, следовательно, рекомендации, вытекающие из данного анализа, следует рассматривать с учетом этого.
- Некоторые ограничения в моделировании и данных могут привести к занижению определенных видов выгоды от инвестиций в повышение эффективности использования водных ресурсов, особенно, что касается снижения рисков, касающихся подачи воды.
- Моделирование не учитывало экономические и социальные выгоды действий, направленных на снижение риска катастрофических наводнений, хотя такие выгоды могут быть огромными.

Источник: выводы, полученные авторами на основе раздела 4.5.

4.6. Выводы

Действия

Приведенные ниже действия по модернизации Шардаринской МЦВИ, согласованные в ходе семинара с участием экспертов, проведенного в сентябре 2016 года в Астане, были подвергнуты оценке с использованием модели WHAT-IF:

- модернизация Кызылкумского канала с экономией воды благодаря снижению потерь
- улучшение систем дренажа в Кызылординской области, обеспечивающих существенно увеличение объемов выращивания овощей, что повысит экономическую рентабельность сельского хозяйства в области
- более широкое применение систем орошения с экономией воды благодаря сокращению потерь от инфильтрации и испарения
- дополнительные работы для увеличения емкости Коксарайского водохранилища
- строительство обводного канала от Шардаринского водохранилища до реки Сырдарья в обход города Шардара (на случай катастрофического наводнения), что позволит подавать больше воды в Коксарайское водохранилище и не сбрасывать ее в Арнасайскую низменность в Узбекистане.

Полученные выводы в целом

Именно сочетание инвестиций в водосбережение и повышение экономической рентабельности сельского хозяйства (урожайности на поливных землях – *прим. ред.*) даст наибольший эффект в плане увеличения вклада рассматриваемой МЦВИ в экономическое развитие и повышение уровня продовольственной, водной и энергетической безопасности, а также снижения ожидаемых будущих водных проблем в регионе, связанных с изменением климата. Экономический эффект от использования воды на орошение (доход на кубометр воды) является низким для многих товарных сельхоз культур на юге Казахстана и, особенно, в Кызылординской области. Это ограничивает возможности фермеров по финансированию водохозяйственной инфраструктуры, что снижает общее потребление воды. Вложение средств в повышение экономической продуктивности сельского хозяйства (доход и прибыль в расчете на гектар) также обеспечить повышение экономической продуктивности водных ресурсов. Это в свою очередь даст возможность фермерам вкладывать средства в повышение продуктивности водных ресурсов и сделает такие вложения более привлекательными для них.

Одним из основных детерминантов экономической отдачи от инвестиций в водохозяйственную инфраструктуру является нехватка или относительный избыток воды в сравнении с имеющимися площадями орошаемых земельных угодий. По нашим данным, в настоящее время вода является достаточно доступным ресурсом в сравнении с имеющимися подходящими площадями земельных угодий в исследуемых зонах планирования. Однако имеются большие площади, вероятно, менее пригодных земель; в то же время такие земли требуют вложения существенных инвестиций с тем, чтобы они стали более пригодными для орошаемого земледелия. В этом плане капитал также можно рассматривать как сильно ограниченный ресурс.

Выводы, касающиеся действий

Действия были проанализированы с точки зрения экономической отдачи, влияния на водообеспеченность и влияния на рынки соответствующих сельхоз культур и экономических игроков. Было установлено следующее:

- Вывод 1: Вложение средств (инвестиции) в повышение коэффициента эффективности внутрихозяйственного водопользования за счет капельного орошения не даст экономической отдачи сегодня или в ближайшем будущем
  - Водосбережение благодаря капельному орошению носит очень ограниченный характер по сравнению с затратами на инвестиции и операционными затратами
  - Однако, возможное повышение урожайности благодаря капельному орошению (данный фактор здесь не анализировался, о чем сказано выше) может сделать такие инвестиции экономически выгодными.
- Вывод 2: Инвестиции в модернизацию (облицовку) Кызылкумского канала не окупаются сегодня, однако могут стать окупаемыми в будущем
  - В настоящее время водообеспеченность достаточно высокая по сравнению с имеющимися пригодными площадями земельных угодий, таким образом, увеличение объемов воды на полив после модернизации канала не даст заметных результатов с точки зрения продуктивности
  - Однако, ожидаемое сильно снижение водообеспеченности в будущем может повысить привлекательность действий по модернизации Кызылкумского канала с экономической точки зрения, поскольку сэкономленная вода позволит избежать сокращения площади возделываемых земель
  - Мелиорация неиспользуемых орошаемых земель благодаря реконструкции водохозяйственной инфраструктуры также может сделать модернизацию Кызылкумского канала более привлекательной, поскольку на мелиорированных землях можно будет использовать воду, сэкономленную благодаря модернизации канала.

- Вывод 3: Вложения в системы дренажа окупаются – уже сегодня
  - Вложения в системы дренажа повышают экономическую продуктивность земель, поскольку это снижает уровень засоления почв, и урожайность сельскохозяйственных культур увеличивается
  - Повышение урожайности сельскохозяйственных культур ведет к повышению доходов и прибыли для фермеров, которые имеют систему дренажа
  - Если новые дренируемые площади используются для выращивания сельхоз культур, потребляемых в стране, то другие производители таких культур столкнутся со снижением цен по мере роста общих объемов поставок. В то же время, с позиции интересов всего общества, эти потери фермеров полностью компенсируются тем, что потребители получают выгоду в виде снижения цен на продукты питания
  - В среднесрочном и долгосрочном плане повышение прибыльности орошаемого сельского хозяйства с дренажом позволит фермерам оплачивать расходы на инфраструктуру в связи с улучшением системы подачи воды, что является необходимым для смягчения влияния изменения климата.
- Вывод 4: Инвестиции в защиту от паводков не имеют особого значения для орошаемого сельского хозяйства – сегодня[2]
  - Поскольку водные ресурсы в настоящее время достаточно большие и, таким образом, имеют низкую экономическую стоимость, влияние на орошаемое сельское хозяйство инвестиций в защиту от паводков, таких как увеличение емкости Коксарайского водохранилища (или модернизация Коксарайского водохранилища) и строительство Шардаринского обводного канала, ограничено. Однако это может измениться – уменьшение осадков/стока вследствие изменения климата
  - В частности, Шардаринский обводной канал может дать определенные преимущества в плане повышения доходов от орошаемого сельского хозяйства благодаря увеличению объемов подачи воды на орошение. Это особенно важно в засушливые годы несмотря на то, что объемы паводковых вод здесь меньше (хотя при этом они нужны в большей степени), чем в обычном году
  - Ценность, создаваемая для орошаемого сельского хозяйства благодаря увеличению емкости Коксарайского водохранилища, может иметь ограниченный характер, поскольку гибкость систем хранения воды и экологического пропуска других водохранилищ обеспечивает хорошие другие возможности для регулирования стока на орошение.[3]
- Вывод 5: Вопросы транспорта и инфраструктуры – сегодня и завтра.
  - Следует отметить, что транспортная инфраструктура, величина «транспортного плеча» и время на перевозку, скорее всего, будут иметь важные последствия с точки зрения поставки сельскохозяйственной продукции на рынок и тем самым доходности инвестиций в водное хозяйство с точки зрения интересов сельского хозяйства, хотя моделирование само по себе этого не подтверждает. Это же верно в отношении местных предприятий по переработке и хранению сельхоз продукции (холодильники, автомобили-рефрижаторы и т.д.).

4.7. Основные рекомендации

Цель

Настоящий раздел содержит ключевые рекомендации проекта.

Общая рекомендация (по Шардаринской МЦВИ)

- В первую очередь необходимо решить вопросы продуктивности сельского хозяйства, и в дополнение – эффективности использования водных ресурсов:
  - Основное внимание – повышению продуктивности сельского хозяйства (в т.ч. экономической отдачи от поливных земель) за счет инвестиций в дренажные системы в последующие 15-30 лет. Это позволит увеличить доходы фермеров и тем самым даст возможность правительству Казахстана повысить тарифы на подачу воды и уменьшить государственные субсидии – а также решить текущие финансовые проблемы водохозяйственного сектора.[4]
  - Постепенно основной акцент следует изменить и сосредоточиться на вопросах повышения эффективности использования водных ресурсов за счет инвестиций в модернизацию оросительных каналов и более эффективные технологии орошения (включая капельное) после 2030 года, по мере появление признаков влияния изменения климата на объем имеющихся водных ресурсов.
  - В то же время, возможно обоснование проектов повышения эффективности использования водных ресурсов и до 2030 года, до появления проблемы нехватки водных ресурсов, при наличии неиспользуемых земель или земель под паром (или же такие земли можно будет мелиорировать за счет модернизации или вложения инвестиций в системы подачи воды и дренажа), а сэкономленные объемы воды можно будет использовать для культивирования таких пока неиспользуемых земель, или земель под паром.

Другие рекомендации

Другие рекомендации касаются улучшения системы управления водными ресурсами в Казахстане в целом и применения модели WHAT-IF, разработанной в рамках настоящего проекта внутри и вне Казахстана. Эти рекомендации включают следующее:

- Повышение эффективности использования водных ресурсов, а также (параллельно) продуктивности сельского хозяйства
  - Если модернизация каналов (с их облицовкой) не будет сопровождаться повышением доходов фермеров в пересчете на кубометр воды или на гектар земель, в таком случае повышение тарифов на подачу воды и, следовательно, уменьшение государственных субсидий за некий период (напр., 5-10 дет) может представить собой проблему, или вообще станет невозможным.
- Увеличение инвестиций в системы дренажа, системы подачи воды и инфраструктуру села – уже сейчас
  - Восстановление дренажной системы (например, полевых дренажных систем, дренажных галерей или магистральных коллекторов)

- Картирование (напр., с использованием «дронов») состояния существующего коллекторных систем – и, возможно, систем подачи воды – и последующие инвестиции в улучшение коллекторно-дренажных систем
- Вложение средств в сельские дороги, местные мощности для хранения и предприятия по переработке сельхоз продукции и производству продуктов питания и т.д.

• Получение статистических данных о продуктивности сельского хозяйства и эффективности использования водных ресурсов с использованием следующих показателей (основное внимание зависит от уровня нехватки земель или воды):
  - Физический объем производства сельхоз продукции (по видам культур) на м^3 поливной воды и на один орошаемый га
  - Доходы на м^3 воды, доходы на орошаемый га (актуально в случае полной занятости)
  - Валовая добавленная стоимость на м^3 воды, валовая добавленная стоимость на орошаемый га (актуально в случае безработицы).

• Министерство национальной экономики должно понимать потребность в инвестициях различного вида, которые взаимоувязаны тесным образом (т.е. зависят друг от друга и влияют друг на друга), а также что для различных видов инвестиций имеются различные механизмы финансирования; пример, касающийся дренажа.
  - Пример 1: фермеры создают систему дренажа на своих полях (объем получаемой ими воды зависит от глубины магистральных каналов – финансирование обеспечивают сами фермеры)
  - Пример 2: «Казводхоз» создает коллекторный канал (в противном случае системы дренажа у фермеров работать не будут), а финансирование обеспечивают сами фермеры – за счет тарифов на воду, и правительство – за счет субсидий, если не привлекается частная компания.

• Модель WHAT-IF можно использовать как инструмент оценки на этапе до технико-экономического обоснования (пред-ТЭО), что позволит определить экономически обоснованные инвестиции и получить информацию о целесообразном графике инвестиций
  - Это может обеспечить поддержку реализации Государственной программы управления водными ресурсами в Казахстане, принятой в 2014 году, а также будущей Государственной Программы развития сельскохозяйственного и продовольственного комплекса, в которую войдет Государственная программа по водным ресурсам.

• Модель WHAT-IF можно использовать для оценки последствий применения различных схем финансирования для государственного бюджета

• Модель WHAT-IF целесообразно должным образом распространить для улучшения системы стратегического планирования и планирования инвестиций
  - Эта модель должна стать доступной на удобном для пользователей веб-сайте с использованием интерфейса пользователя, который позволит ему

делать необходимый выбор; это позволит использовать данную модель без установки на компьютере пользователя определенного программного обеспечения, и показывать результаты с помощью определенных стандартных таблиц и схем

- Необходимо провести обучение потенциальных пользователей этой модели; участники – госслужащие, исследователи и аспиранты.

- Модель WHAT-IF можно использовать для оценки других МЦВИ (напр., Капшагай, Токтогул и Верхне-Нарынский каскад ГЭС, бассейн реки Замбези, бассейн Хуанхэ)
- Можно также обратиться в Исполнительный комитет Международного фонда спасения Арала (EC IFAS) и проинформировать его о данном проекте, выполненном в сотрудничестве с ОЭСР.

Примечания

1. Для расчета чистого дохода от сельского хозяйства учитывается еще один возможный вариант: доминирующие цены на соответствующую культуру на местном рынке (по данным анализа рыночных цен, выполненного Агентством по статистике) минус затраты на культивацию, перевозку и хранение (включая также зарплату).
2. Обращаем внимание на то, что вложение средств (инвестиции) в защиту от паводков дает другие существенные выгоды (спасение жизни людей и сохранение имущества), не связанные с орошаемым земледелием.
3. Модель WHAT-IF сама по себе не позволяет проводить динамический анализ за несколько лет, что позволило бы более детально оценить потенциал увеличения емкости Коксарайского водохранилища в плане снижения отрицательных последствий засухи.
4. Следует обратить внимание на то, что, если фермеры не будут получать воду своевременно, в требуемом объеме и должного качества, например, вследствие ухудшения состояния инфраструктуры, это приведет к снижению доходности инвестиций в дренажные системы, поскольку нехватка воды может привести к гибели культур. В таком случае параллельно потребуются инвестиции в модернизацию систем орошения.

Часть II

Обзор международного опыта управления системами многоцелевой водохозяйственной инфраструктуры

Часть II состоит из трех глав. В главе 5 представлена методика отбора 15 конкретных примеров МЦВИ из трех регионов мира (Африки, Азии, ВЕКЦА) и стран ОЭСР. В главе 6 даны 15 отобранных примеров, которые представлены по единому шаблону, содержащему такие элементы, как: собственники, физические характеристики, основные виды водопользования, предоставляемые товары и услуги, заинтересованные стороны, краткая история, бизнес-модель, основные проблемы, положительные и отрицательные внешние воздействия, регулирование и планы на будущее. В главе 7 представлены извлеченные уроки и общие выводы из рассмотренных примеров МЦВИ.

Глава 5

Методика представления примеров

В настоящей главе представлена информация о методике, применяемой при выборе и анализе конкретных примеров МЦВИ, чтобы проиллюстрировать соответствующий международный опыт и предоставить ценную информацию для ключевых заинтересованных сторон в Казахстане. 15 таких примеров отобраны из трех регионов мира (Африки, Азии, ВЕКЦА) и стран ОЭСР. В главе представлен общий критерий отбора конкретных примеров, касающийся условий и региона, и ряд других критериев отбора, таких как виды водопользования, физические характеристики МЦВИ, климатические условия и индекс обеспеченности водными ресурсами. В таблицу включен итоговый шаблон представления каждого примера и таблица с основными характеристиками отобранных МЦВИ.

В этой главе представлена информация о методике, применяемой при выборе и анализе конкретных примеров МЦВИ, чтобы проиллюстрировать соответствующий международный опыт и предоставить ценную информацию для ключевых заинтересованных сторон в Казахстане. Приведены окончательный перечень критериев отбора конкретных примеров МЦВИ, окончательный список отобранных примеров и окончательный шаблон для представления каждого примера.

Критерии отбора

В этом разделе представлен окончательный перечень критериев для отбора конкретных примеров МЦВИ. Была достигнута договоренность между основными заинтересованными сторонами, что набор исследованных конкретных примеров должен представлять соответствующий международный опыт, который можно будет использовать в будущем при определении вариантов практики управления Шардаринской МЦВИ в Казахстане. Ключевым здесь является слово «соответствующий».

Общий критерий

Во всем мире существует около 28 000 крупных многоцелевых плотин и систем распределения воды. Общий критерий заключается в том, что отбор конкретных примеров МЦВИ будет осуществляться таким образом, чтобы представить условия, аналогичные (или максимально близкие к) условиям Шардаринского водохранилища, включая, как минимум, по 2 тематических исследования из Азии, Африки, регионов ОЭСР и 5 из стран ВЕКЦА.

Конкретные критерии

Были согласованы следующие критерии отбора конкретных примеров МЦВИ:

- Подача воды в водохранилище: Вода в Шардаринское водохранилище поступает из трансграничной реки Сырдарья. Это влияет на объем водных ресурсов в водохранилище (и, следовательно, на его функционирование), поскольку Правительство Казахстана не контролирует в полной мере источники воды, питающие это водохранилище. Необходимо выбрать, по мере возможности, такие примеры водохранилищ, источниками воды в которых являются трансграничные реки
- Потребление воды из водохранилища:
  - *Трансграничное водопотребление:* Шардаринское водохранилище находится на границе между Казахстаном и Узбекистаном. Вода из водохранилища используется обеими странами, что делает эту систему трансграничной. Необходимо включить примеры аналогичной ситуации, хотя набрать 15-20 таких примеров будет трудно.
  - *Водопользователи:* Вода из Шардаринского водохранилища в основном используется для выработки электроэнергии и орошения. Водохранилище также обеспечивает защиту от паводков. Будут выбраны примеры МЦВИ со схожими условиями водопользования.
- Физические характеристики:
  - *Площадь поверхности и объем:* Выбираемые водохранилища по своим размерам будут аналогичны Шардаринскому водохранилищу

- *Степень регулирования:* Определяется как отношение между объемом водохранилища и притоком воды. Выбранные водохранилища должны иметь схожую степень регулирования, как в Шардаринском водохранилище.

- *Климатические условия*: В качестве тематических исследований будут выбраны водохранилища в климатической зоне, аналогичной зоне Шардаринского водохранилища

- *Индекс обеспеченности водными ресурсами*: Водоснабжение и спрос на воду зависят от наличия водных ресурсов и численности населения в регионе. Простой индекс обеспеченности водными ресурсами – обеспеченность водным и ресурсами на душу населения – будет использоваться в качестве критерия с тем, чтобы исключить водохранилища, которые не являются схожими с Шардаринским водохранилищем. Если такой критерий для определенного района выполнить невозможно, его следует исключить.

Шаблон

Шаблон представления каждого конкретного примера МЦВИ (см. таблицу 5.1) был разработан и утвержден заинтересованными сторонами, см. Приложение Г.

Таблица 5.1. **Шаблон представления каждого примера МЦВИ**

Флаг страны	Карта 1 (напр., регион страны)	Карта 2
Собственники, в том числе владельцы активов		
Физические характеристики (объем, площадь поверхности, время хранения воды, и т.д.)		
Основное водопотребление: Орошение; выработка электроэнергии; защита от паводков и ослабление воздействия засухи; другое		
Предоставляемые товары и услуги		
Заинтересованные стороны		
Краткая история		
Бизнес-модель финансирования МЦВИ, включая возмещение затрат		
Основные проблемы		
Положительные внешние воздействия		
Отрицательные внешние воздействия		
Нормативы		
Планы на будущее		
Ссылки (источники информации		

Источник: собственная разработка COWI и IWMI.

Отбор конкретных примеров МЦВИ

На основе представленных выше критериев отбора, был подготовлен список возможных примеров, см. таблицу 5.2. Они аналогичны Шардаринской МЦВИ с точки зрения источника водных ресурсов (трансграничная река), физических характеристик (объем водохранилища и т. д.), климатических условий (включая индекс напряженности водного режима) и видов водопользования. Эти примеры были представлены с использованием указанного выше шаблона (см. таблицу 5.1).

Таблица 5.2. **Отобранные примеры МЦВИ, основные характеристики**

Водохранилище	Плотина	Страна	Регион	Река	Бассейн	Страны, расположенные выше по течению	Площадь, км²	Водопользование (основное)	Водопользование (второстепенное)	Климат	WSI (m³/чел/год)
Озеро Хендрик	Хендрик Фервурд/ Гариеп	Южная Африка	Африка	Оранжевая	Оранжевая	Лесото	294,3	Орошение	Гидроэнергетика	Пустынный	1 007
Озеро Джебель	Джебель Аулия	Судан	Африка	Белый Нил	Нил	Южный Судан, Уганда	933,4	Орошение	Гидроэнергетика, рыбные хозяйства	Пустынный	1 560
Озеро Лагдо	Лагдо	Камерун	Африка	Бенуэ	Нигер	Нет	622,6	Орошение	Гидроэнергетика	Тропический влажный и сухой	14 957
Озеро Манантали	Манантали	Мали	Африка	Бафинг	Сенегал	Гвинея	438,4	Орошение	Гидроэнергетика, рыбные хозяйства	Полупустынный	7 870
Озеро Асад	Табка	Сирия	Азия	Евфрат	Тигр – Евфрат	Турция	636,8	Орошение	Гидроэнергетика	Пустынный	791,4
Ганди Сагар	Ганди Сагар	Индия	Азия	Чамбал	Чамбал	нет	523,5/723	Орошение	Гидроэнергетика	Полупустынный	1 103
Озеро Хиракуд	Хиракуд	Индия	Азия	Маханади	Брахмари	Нет	500,7	Орошение	Гидроэнергетика, контроль паводков	Тропический влажный	1 618
Водохранилище Дости	Плотина дружбы Ирана–Туркменистана	Туркменистан	ВЕКЦА	Харируд		Афгани-стан	30	Орошение	Питьевое водоснабжение Гидроэнергетика	Пустынный	4 901
Капчагайское водохранилище	Капчагай	Казахстан	ВЕКЦА	Ли	Йили-Хэ	Китай	1 206	Орошение, гидро-энергетика	Рыбные хозяйства	Полупустынный	7 061
Бахри Тоджик	Кайраккум	Таджикистан	ВЕКЦА	Сырдарья	Амударья	Кыргыз-стан	429,9	Гидроэнергетика, орошение	Рамсарское угодье	Полупустынный	2 338
Нурек	Нурек	Таджикистан	ВЕКЦА	Вахш	Амударья	Кыргыз-стан	62	Орошение	Гидроэнергетика	Пустынный	2 338
Токтогульское водохранилище.	Токтогуль	Кыргызстан	ВЕКЦА	Нарын	Сырдарья	Нет	223,5	Гидроэнергетика	Орошение	Пустынный	4 263
Озеро Тиса	Тиса	Венгрия	ОЭСР	Тиса	Дунай	Словакия	119	Контроль паводков	Туризм	Влажный Субтропический	10 388
Озеро Аргайл	Река Орд	Австралия	ЕС, ОЭСР	Орд	Центральная Австралия	Нет	829,2	Орошение	Рамсарские угодья/сохранение	Тропический влажный и сухой	23 346
Озеро Мид	Плотина Гувера	США	ОЭСР	Колорадо	Колорадо	Нет	571	Контроль паводков	Орошение	Пустынный	8 758

Источник: собственная разработка COWI и IWMI на основе информации и данных в главе 6.

Глава 6

Конкретные примеры МЦВИ

В главе 6 даны 15 конкретных примеров МЦВИ, представленных по единому шаблону. Шаблон содержит такие элементы, как собственники, физические характеристики, основные виды водопользования, предоставляемые товары и услуги, заинтересованные стороны, краткая история, бизнес-модель, основные проблемы, положительные и отрицательные внешние воздействия, регулирование и планы на будущее. Эти примеры были отобраны по согласованным критериям из трех регионов мира (Африки, Азии, ВЕКЦА) и стран ОЭСР. В частности, речь идет о следующих странах: ЮАР, Судан, Камерун, Мали, Сирия, Индия, Иран-Туркменистан, Таджикистан, Казахстан, Кыргызстан, Венгрия, Австралия и Соединенные Штаты Америки.

Цель

В этой главе представлена подробная информация по итоговому списку 15 конкретных примеров МЦВИ, отобранных по указанным выше критериям и представленных по согласованному шаблону, согласно разъяснениям, представленным в предыдущем разделе. Они представляют три региона мира и страны ОЭСР (см. таблицу 6.1 и рисунок 6.1).

Таблица 6.1. **Примеры МЦВИ, обзор**

Регион	МЦВИ
Африка	Плотина Гариеп, бассейн реки Оранжевая, ЮАР Джебель Аулия, бассейн реки Белый Нил, Судан Озеро Лагдо, бассейн реки Бенуэ, Камерун Озеро Манантали, бассейн реки Сенегал, Мали
Азия	Озеро Асад (плотина Табка), бассейн реки Ефрат, Сирия Ганди Сагар, бассейн реки Чамбал, штат Мадхья-Прадеш, Индия Озеро Хиракуд, бассейн реки Маханади, Индия
ВЕКЦА	Плотина ирано-туркменской дружбы (водохранилище Дости), пограничная река Харируд между Ираном и Туркменистаном Капчагайское водохранилище, река Или (бассейн озера Балхаш), Казахстан Кайраккумское водохранилище, бассейн реки Сырдарья (бассейн Аральского моря), Таджикистан Нурекское водохранилище, река Вахш (бассейн Аральского моря), Таджикистан Токтогульское водохранилище, река Нарын (Сырдарья, бассейн Аральского моря), Кыргызстан
ОЭСР	Озеро Тиса (водохранилище Кишкёре), река Тиса (бассейн реки Дунай), Венгрия Озеро Аргайл, бассейн реки Орд, Австралия Озеро Мид (плотина Гувера), бассейн реки Колорадо, США

Источник: собственная разработка COWI и IWMI.

Рисунок 6.1. **География отобранных примеров МЦВИ**

Источник: карта была разработана IWMI на основе Arc и базы данных GRanD.

6.1. Плотина Гариеп, бассейн реки Оранжевая, ЮАР

Собственники, в том числе владельцы активов

- Департамент водных ресурсов, Южно-Африканская Республика
- Компания *ESKOM* (национальный поставщик электроэнергии), отвечающая за выработку электроэнергии.

Физические характеристики

- Объем: 5 673,8 млн кубометров
- Площадь поверхности: 249,3 км^2
- Время пребывания воды: 120,5%
- Общий объем возобновляемых водных ресурсов страны на душу населения: 822 м^3 на жителя в год
- Климатические условия: засушливые
- Трансграничные водопользователи: отсутствуют
- Крупнейшая плотина и главное туристическое направление в Южной Африке – до 200 000 туристов в год (World Commission on Dams, 2000a; Wikipedia, 2016a).

Основные виды водопользования

Орошение, выработка электроэнергии, бытовое и промышленное водопользование.

Орошение

Плотина Гариеп играет важную роль в развитии систем орошения в среднем и нижнем течении Оранжевой реки путем регулирования водотока между плотинами Гариеп и Вандерклооф. Ирригационный туннель Оранжевая река-река Фиш (82,8 км), проложенный от плотины Гариеп, используется для подачи водотока в реку Фиш для обеспечения водоснабжения в Восточной Капской провинции (Anon, 2016b).

Общая площадь орошения плотинами Гариеп и Вандерклооф составляет 138 000 га – 164 000 га (World Commission on Dams, 2000a).

Выработка электроэнергии

При расходе воды 800 м^3/с четыре генератора электростанции плотины могут вырабатывать 360 МВт (90 МВт на генератор).

Контроль за паводками и ослабление влияния засухи

Плотина на Оранжевой реке, созданная в рамках проекта развития Оранжевой реки, построена в целях снижения паводков на 50% (World Commission on Dams, 2000b).

Другое

Проект по развитию Оранжевой реки обеспечивает подачу муниципальной воды в объеме 0,37 млн галлонов в день (МКБП, 2000b).

Предоставляемые товары и услуги

Гидроэнергетика, орошение, рыболовство, туризм и рекреация, питьевое водоснабжение.

Заинтересованные стороны

Правительство

- Правительство Южно-Африканской Республики
- Департамент водных ресурсов
- Компания *ESKOM.*

Основные пользователи

- Фермеры
- Сельскохозяйственные работники
- Животноводы
- Домашние хозяйства (питьевое водоснабжение и электроснабжение).

Другие

- Туристы
- Туристические фирмы
- Научно-исследовательские институты
- Рыболовы.

Краткая история

Возможности для аккумулирования воды в Оранжевой реке обсуждаются с 1870-х годов. Для планирования проекта для Оранжевой реки использовался отчет о научно-исследовательской экспедиции для исследования Оранжевой реки, составленный в 1912 году д-ром Альфредом Льюисом, который был директором Департамента по ирригации. В отчете предлагалось перенаправить воды Оранжевой реки в реки Грейт-Фиш и Сандейс-Ривер по туннелю. Первоначальный план предполагал подачу воды из «влажного» восточного района в «сухие» районы в среднем и нижнем течении Оранжевой реки. Проект был политически мотивирован и разработан за очень короткое время. В результате его неоднократно пересматривали, что привело к увеличению стоимости проекта.

В 1944 году были начаты полевые исследования и бурильные работы, по результатам которых был опубликован отчет, и правительство внесло предложение о строительстве плотины на Оранжевой реке для аккумулирования и отведения воды в долину реки Грейт-Фиш. Однако учитывая экономические трудности, с которыми столкнулось правительство, строительство плотины было отложено до 1966 года, когда главный подряд на строительство был передан французско-южноафриканскому консорциуму *Union Corporation-Dumez-Borie Dams*. Проект предлагалось выполнить в рамках шести фаз за период в 30 лет. Аккумулирование воды на плотине Гариеп было начато в сентябре 1971 года, и плотина была сдана в эксплуатацию в том же году. В рамках проекта развития Оранжевой реки в 1977 году ниже по течению была построена еще одна плотина – Вандерклооф – для выработки электроэнергии, где уровень воды регулировался плотиной Гариеп (Anon, 2016a).

Бизнес-модель финансирования МЦВИ, включая возмещение затрат

Стоимость проекта составляет 571 млн долл. США (цены 1998 года).

Южноафриканская сторона консорциума отвечала за рабочую силу и управления, общие услуги инжиниринга, составление чертежей, закупку, секретарские услуги и медицинское обслуживание. Франция обеспечила инженерную часть проекта.

Задача по возмещению капитальных затрат по проекту не ставилась. Платежи за услуги по орошению были увеличены для покрытия операционных затрат по проекту. Первоначально тарифы на воду для сельскохозяйственного пользования составляли 4% всех доходов на морг земли (около 0,56 га) (примерно 12 ранд/морг), хотя первоначальный анализа показал, что эти тарифы должны были составлять более 502 ранда/морг. В 1984-85 годах был принят верхний предельный уровень тарифов на воду для сельскохозяйственного пользования, в результате уровень сбора платежей составил 76 ранд/га (по данным статистики сельского хозяйства 1993 года). По данным такой же статистики за 1999 год было установлено, что такой уровень тарифов покрывал лишь 80% операционных расходов.

Что касается выработки электроэнергии, было договорено, что компания *ESKOM* будет перечислять в Департамент водных ресурсов некий фиксированный тариф в 40 центов за кВт установленной мощности и некую фиксированную сумму в размере 0,125 цента за единицу вырабатываемой электроэнергии, подаваемой в национальную сеть (World Commission on Dams, 2000b).

Основные проблемы

- Учитывая отсутствие подробных исходных данных относительно биологических сообществ до начала строительства плотины, а также отсутствие экологических исследований, количественное определение или установление экологического воздействия плотины оказалось нереальной задачей
- Было получено лишь 68% орошаемых земель от общей плановой площади орошения по проекту для Оранжевой реки
- По состоянию на 1994 год проект обеспечивал лишь 16% ожидаемого целевого показателя с точки зрения передачи вод между бассейнами для муниципального и промышленного водопользования в бассейн рек Фиш и Сандейс
- Отложения в водохранилище и связанные с этим вопросы качества воды (цветение воды) (World Commission on Dams, 2000b).

Положительные внешние воздействия

- Самая крупная плотина в Южной Африке и крупная туристическая площадка в Южной Африке – до 200 000 посетителей в год
- Рыболовство на озере Гариеп помогает получать доходы бедным сельским жителям, для которых озеро служит источником доходов для проживания
- Выработка электроэнергии на плотине Гариеп на 6% выше по сравнению с прогнозируемым уровнем с момента ее сдачи в эксплуатацию в 1998 году
- Стабилизация режима водотока на Оранжевой реке
- Косвенное воздействие на сельское хозяйство; рынки в районах ниже по течению, на производственные затраты, создание рабочих мест, развитие животноводства и т.д. (World Commission on Dams, 2000a; 2000b).

Отрицательные внешние воздействия

- Регулирование стока реки оказало воздействие на три основных среды обитания: на засушливые участки, на речную экосистему и на эстуарий
- Переселение 1 260 работников и их семей, причем более всего пострадали домохозяйства, во главе которых стояли женщины, а не мужчины (гендерный вопрос)
- Распространение мошкары, что стало угрозой для овец (World Commission on Dams, 2000a, 2000b).

Регулирование

Выпуск воды из плотины Гариеп связано непосредственно с выработкой электроэнергии. Такой сброс воды регулируется согласно графику с тем, чтобы обеспечить максимальную выработка электроэнергии на плотине Вандерклооф, расположенной ниже по течению (Anon, 2016b). Только после этого, при наличии избыточной воды, производится сброс воды для выработки электроэнергии. Для определения ситуации используются кривые контроля объема аккумулируемой воды – на основе месячного уровня воды. Таким образом, компания ESKOM может обеспечить выработку электроэнергии, только когда уровень воды выше предельного избыточного

уровня. Целью этого рабочего правила является минимизация сброса и максимальное использование водотока.

Планы на будущее

Какая-либо информация или данные отсутствуют.

6.2. Джебель Аулия, бассйен реки Белый Нил, Судан

Собственники, в том числе владельцы активов

- Правительство Судана
- Полномочия на производство электроэнергии переданы Национальной электрической корпорации (*National Electricity Corporation, NEC*).

Физические характеристики

- Объем: 3 500 млн кубометров
- Площадь поверхности: 933,4 км^2
- Время пребывания воды: 5,9%
- Общий объем возобновляемых водных ресурсов страны на душу населения: 99 м^3 на жителя в год
- Климатические условия: пустынные
- Трансграничные водопользователи: Египет (вниз по течению трансграничного пользователя).

Основные виды водопользования

Орошение, выработка электроэнергии, контроль за паводками и ослабление влияния засухи.

Орошение

С 1937 по 1965 годы, до сооружения Асуанской плотины ниже по течению, водохранилище использовалось для аккумулирования воды для орошения. Основной ирригационной функцией плотины являлось обеспечение естественного понижения для орошения в районах ниже по течению (Awalachew, 2012; Shahin, 2006).

Выработка электроэнергии

С 2005 года на плотине установлены 80 турбогенераторных блоков HYDROMATRIX® общей мощностью 30,4 МВт (ANDRITZ Hydro, 2013).

Контроль за паводками

Плотина используется для периодического сброса паводковых вод. Первоначально она предназначалась для аккумулирования вод Белого Нила в период разлива Голубого Нила и для управления паводками Белого Нила (ANDRITZ Hydro, 2013).

Другое

Рыбные хозяйства в Джебель Аулия обеспечивают улов рыбы в 13 000 т/год (Dumont, 2009).

Предоставляемые товары и услуги

Гидроэнергетика, орошение, рыболовство, контроль за паводками.

Заинтересованные стороны

Правительство

- Правительство Судана
- Национальная электрическая корпорация (*NEC*) Судана
- Народные вооруженные силы Судана.

Основные пользователи

- Домашние хозяйства
- Рыболовы.

Другие

- ANDRITZ Hydro.

Краткая история

В 1930-е годы водохранилище Джебель Аулия рассматривалось как важный резервуар для аккумулирования вод Белого Нила. Одобрение на реализацию проекта было дано Египтом в 1914 году как финансирующей страной, однако строительство было отложено в результате Первой мировой войны. В 1919 году строительство было возобновлено Суданской строительной компанией, хотя оно прерывалось время от времени по причине послевоенных споров (Wikipedia, 2016b). Строительством плотины Джебель Аулия занималась компания *Gibson & Pauling Company (Foreign) Ltd.* в 1933 году; строительство было завершено в 1937 году (Mills, 2015) (Wikipedia, 2016c). Первоначально водохранилище использовалось в качестве хранилища для воды и для контроля паводков, однако его роль снизилась после сооружения Асуанской плотины в 1964 году (EzEldin, 2008). В 2005 году на плотине начали осуществлять гидроэлектрический проект – строительство гидроэлектростанции мощностью 30 МВт.

Бизнес-модель финансирования МЦВИ, включая возмещение затрат

Проект финансировало правительство Египта. До начала строительства парламент Египта утвердил программы стоимостью 4,5 млн егип. фунтов, однако после завершения строительства было объявлено, что фактическая стоимость проекта оказалась на 200 000 егип. фунтов меньше.

С точки зрения возмещения затрат проект Джебель Аулия не мог сразу же обеспечить увеличение площади орошаемых земель в Египте. Совершенно очевидно, что проект Джебель Аулия стал финансовым бременем для Египта, учитывая невысокую экономическую отдачу проекта для страны.

Тарифы на электроэнергию в Судане варьируются от 0,034 долл. США за кВт·ч до 0,059 долл. США за кВт·ч.

Основные проблемы

- Быстрое заиливание водохранилища
- Сооружение Асуанской плотины, что привело к утрате ирригационной функции плотины
- Великая плотина возрождения Эфиопии, которая в настоящее время сооружается выше по течению от водохранилища Джебель Аулия, способна привести к активации сейсмической активности в регионе, учитывая 63 млрд тонн веса ила и воды.

Положительные внешние воздействия

- Использование плотины для работы энерготурбин HYDROMATRIX®. Это классический пример адаптации существующей ирригационной дамбы для выработки электричества, и источник получения дешевой, экологически чистой и эффективной электроэнергии (ANDRITZ Hydro, 2013)
- Источник для рыбоводства внутри территории страны.

Отрицательные внешние воздействия

- Оценочные потери на испарение составляют от 2,1 км^3/год до 3,45 км^3/год с учетом плоского и открытого рельефа долины выше плотины
- Недостаточный объем воды в водохранилище для орошения земель
- Переселение племен вдоль Белого Нила после заполнения водохранилища (Barbour, 1959).

Регулирование

Используемые на плотине гидротурбины для выработки электричества оснащены уникальной технологией *HYDROMATRIX®*. Турбины *HYDROMATRIX®* представляют собой новую концепцию выработки электричества с использованием воды. Турбинные блоки установлены в виде единого модуля, включающего две турбины, которые устанавливаются на опорной грани плотины в виде затвора. При необходимости сброса паводковой воды из водохранилища и если сброс воды превышает емкостью модулей, модули поднимаются с помощью кранов, установленных на самих модулях.

Планы на будущее

Президент Судана подчеркнул важность расширения плотины на водохранилище Джебель Аулия в штате Южный Хартум в феврале 2016 года (allAfrica.com, 2016).

6.3. Озеро Лагдо, бассейн реки Бенуэ, Камерун

Собственники, в том числе владельцы активов

- Правительство Камеруна
- Управление плотиной для выработки гидроэлектроэнергии осуществляет международная энергетическая компания AES SONEL.

Физические характеристики

- Объем: 7 800 млн кубометров
- Площадь поверхности: 622,6 км^2
- Время пребывания воды: 109,2 %
- Общий объем возобновляемых водных ресурсов страны на душу населения: 11 695 м^3 на жителя в год

- Климатические условия: тропические влажные и засушливые
- Трансграничные водопользователи: Нигерия.

Основные виды водопользования

Орошение, выработка электроэнергии.

Орошение

Территория, орошаемая плотиной, составляет 1 000 га; общая территории я орошения составляет 40 000 га (Toro, 1997).

Гидроэнергетика

Электростанция на плотине Лагдо имеет установленную мощность 72 МВт; для выработки электроэнергии используется четыре турбины; сброс воды составляет 230 $м^3$/с (Toro, 1997).

Другое

Озеро Лагдо имеет внутренний водоем промысла, где ежегодные средние урожайности около 200 кг/га.

Предоставляемые товары и услуги

Гидроэнергетика, орошение, рыболовство.

Заинтересованные стороны

Правительство

- Правительство Камеруна
- Государственные учреждения.

Основные пользователи

- Домашние хозяйства
- Фермеры Камеруна
- Население в районах ниже по течению
- Рыболовы.

Другие

- Население в районах выше по течению
- Туристы
- Негосударственные учреждения
- Научно-исследовательские учреждения
- Компания *AES SONEL.*

Краткая история

Строительство плотины Лагдо на реке Бенуэ в Камеруне проводилось с 1977 по 1982 годы. Целью сооружения плотины было обеспечение электроснабжения на севере Камеруна. Плотина Лагдо была построена в рамках проекта двустороннего сотрудничества между Китаем и Камеруном, предусмотренного программой оказания помощи Китаем для развития Камеруна. Международная корпорация по водным ресурсам и электроэнергии Китая (*China International Water & Electric Corp.*) отвечала за проведение строительных работ на плотине. В строительстве плотины принимали участие работники из Китая и Камеруна (Wikipedia, 2016d).

Бизнес-модель финансирования МЦВИ, включая возмещение затрат

Проект по строительству плотины Лагдо финансировался правительством Китая, которое выделило 75 млн долл. США в 1977 году. Средний тариф на электроэнергию в Мали составляет 0,19 долл. США за кВт·ч, а стоимость производства составляет 0,25 долл. США за кВт·ч.

Основные проблемы

- Серьезное изменение поймы реки Бенуэ ниже по течению от плотины
- Усиление воздействие человека на природные ресурсы в пойме реки в результате переселения из затопленных районов озера Лагдо
- Эрозия крутых берегов реки при выпуске воды из водохранилища Лагдо
- Усиление угрозы паводков в Нигерии (стране ниже по течению) в результате сброса воды из водохранилища Лагдо в сезон дождей. В 2012 году паводки имели место в результате сброса воды, что привело к смерти 10 человек, затоплению 10 000 домов и 10 000 га сельскохозяйственных земель, которым был нанесен ущерб. Нигерия предложила строительство плотины Дасин Хауса для контроля паводков после сброса воды из водохранилища Лагдо
- Плотина Лагдо можно оказаться причиной потенциального конфликта, если не будет обеспечено адекватное и выгодное для обеих сторон управление объектом (причина – сокращение общего водотока, поступающего в Нигерию)
- Неспособность властей Камеруна принять график работы, приемлемый для Нигерии, соседствующей страны вниз по течению
- Заиливание в долине реки ниже по течению в результате сокращения водотока
- Исключение местного населения из процесса планирования и разработки действий (напр., развития системы орошения) после завершения строительства водохранилища
- Угроза для водозаборов в долине реки и влияние на ирригационные насосные станции в результате снижения расхода в реке (Toro, 1997; Roggeri, 2013).

Положительные внешние воздействия

- Снижение уровня паводков в пиковый период после заполнения водохранилища. Преобразование поймы реки в крупную систему орошения, включающую несколько тысяч гектаров
- Увеличение водотока реки в сухой сезон (до строительства плотины расход водотока в сезон паводков (ноябрь-июнь) составлял 10-20 м^3/с. С момента начала сброса воды из водохранилища в 1984 году средний зарегистрированный уровень расхода составил примерно 60 м^3/с, т.е. увеличился на 300%
- Изменение посевов культур – переход от сорго к рису
- Интенсивные работы по вылову рыбы и разведению аквакультуры в водохранилище.

Отрицательные внешние воздействия

- Строительство плотины серьезным образом изменило гидрологию и экологию в пойме реки ниже по течению. Изменения в пойме реки привели к изменению практики сельского хозяйства при выращивании сорго (ежегодные паводки и наличие глинистых почв сделали почву очень пригодной для выращивания сорго)
- Изменения в пойме реки привели к сокращению объемов разведения рыбы
- Распространение малярии и шистосомоза после переселения в пойме реки (на восточном берегу реки Бенуэ) по причине слабого управления подачей воды и дренажем
- Паводки в Нигерии вследствие сброса воды с плотины Лагдо. В 2007 году открытие шлюзов на плотине Лагдо привело к резкому повышению водотока в штате Адамава, в Нигерии, что привело в смерти 23 человек при подтоплении трех административных территорий (Oraore and Aja, 2014).
- Заиливание реки ниже по течению
- Ограничение судоходства в районах ниже по течению вследствие понижения уровня воды.

Регулирование

Было использовано несколько подходов для ослабления воздействия масштабных мер вмешательства на плотине Лагдо и для развития условий для получения доходов населения после переселения. Такие подходы среди прочего нацелены на развитие условий для устойчивого использования новых окружающих условий. Одним из таких мероприятий является реализация проекта по рыбоводству в водохранилище Лагдо (1987-1992 гг.) в Гунугу.

В соответствии с соглашением, подписанным между правительством Нигерии и Камеруна в 2007 году, Нигерия обязуется закупать электроэнергию, вырабатываемую на плотине Лагдо (International Rivers Africa Program (Международная программа для рек Африки), 2010).

Планы на будущее

- Всемирный банк финансирует вторую фазу проекта под названием «Развитие водных ресурсов и устойчивого управления экосистемами бассейна реки Нигер». Это, скорее всего, приведет к восстановлению и возможному повышению высоты плотины Лагдо в северном Камеруне. Целью проекта является усиление потенциала плотины Лагдо для выработки электроэнергии и ирригации
- Правительство Камеруна планирует усиливать возможности для продвижения и развития туризма в районе озера и плотины Лагдо. (Frida-Tolonen, 2014).

6.4. Озеро Манантали, бассейн реки Сенегал, Мали

Собственники, в том числе владельцы активов

Управление плотиной обеспечивает трехсторонняя компания по управлению энергоресурсами Манантали (*Manantali Energy Management Company*), *the Société de gestion de l'énergie de Manantali* (SOGEM), созданная в 1997 году. Согласно договору о правовом статусе от 1978 года и договору о финансировании от 1982 года собственником плотины являются государства-участники, имеющие акции компании *SOGEM* (Gakusi, Delponte and Houetohossou, 2015). Компания *SOGEM* подписала 15-летний договор с частной компанией *Eskom Energie Manantali* (*EEM*), дочерним предприятием Южноафриканской национальной энергетической компании *ESKOM*, для эксплуатации станцией и управления инфраструктурой (Wikipedia, 2016e).

Физические характеристики

- Объем: 11 270 млн кубометров
- Площадь поверхности: 438,4 км^2
- Время пребывания воды: 141,7%
- Общий объем возобновляемых водных ресурсов страны на душу населения: 3 409 м^3 на жителя в год
- Климатические условия: полупустынные
- Трансграничные водопользователи: Мавритания и Сенегал.

Основные виды водопользования

Орошение, выработка электроэнергии.

Орошение

Плотина обеспечивает орошение 78 100 гектаров земли в Сенегале (54 700 га), Мавритании (20 400 га) и Мали (3 000 га) (Wikipedia, 2016e).

Выработка электроэнергии

Плотина обеспечивает выработку 740 ГВт-ч электричества в год. Вырабатываемая электроэнергия распределяется следующим образом: 55% в Мали, 30% в Сенегале и 15% в Мавритании (Wikipedia, 2016е).

Другое

Подача питьевой воды в город Дакар, столицу Сенегала.

Предоставляемые товары и услуги

Орошение; выработка электроэнергии; регулирование водотока в реке Сенегал (Сент-Луи и Амбидеди), круглогодично; подача пресной воды в озеро Гьер, являющееся источником пресной воды для города Дакара, столицы Сенегала; годовое пополнение запасов воды в озере Р'Киз и Афтут Эссахили в Мавритании, что обеспечивает образование искусственного эстуария.

Заинтересованные стороны

Правительство

- Правительство Мали
- Правительство Мавритании
- Правительство Сенегала
- Государственные учреждения
- Компания по управлению энергоресурсами Манантали (SOGEM)
- Организация по развитию реки Сенегал (OMVS).

Основные пользователи

- Фермеры Мали
- Фермеры Мавритании
- Фермеры Сенегала
- Население, проживающее в районах вниз по течению
- Домашние хозяйства (потребители питьевой воды)
- Рыболовы.

Другие

- Население, проживающее в районах вверх по течению
- Туризм
- Негосударственные учреждения
- Научно-исследовательские учреждения.

Краткая история

Мали, Мавритания и Сенегал создали Организацию по развитию реки Сенегал (*OMVS*) с целью выработки электроэнергии и орошения в речном бассейне. В рамках программы *OMVS* было запланировано сооружение плотины на реке Сенегал в 1972 году, однако это строительство не было начато из-за отсутствия средств. В 1979 году Всемирный банк отклонил заявку на финансирование строительства плотины, подчеркнув необоснованность инвестиций. После получения финансовой поддержки из Европы строительство плотины было начато в 1982 году (Wikipedia, 2016e).

Строительство плотины было завершено в 1988 году. В то же время в нижнем течении реки Сенегал была сооружена другая плотина с целью предупреждения подпора воды. Учитывая нехватку средств, плотина Манантали была построена без гидроэлектростанции. В дальнейшем имела место задержка в строительстве из-за приграничной войны между Мавританией и Сенегалом в 1989 году и отсутствия соглашения относительно организации линий электропередачи. В 1997 году OMVS смогла получить новый заем для сооружения сооружений гидроэлектростанции на плотине, что позволило начать выработку электроэнергии на плотине Манантали в 2001 году.

Бизнес-модель финансирования МЦВИ, включая возмещение затрат

Общие затраты на сооружение плотины (включая строительство гидро-электростанции) составили 1.02 млрд. евро. Строительство плотины финансировали 16 донорских организаций. Эта помощь была предоставлена через программы сотрудничества в целях развития Германии и Франции, Африканский банк развития, Всемирный банк, Европейский инвестиционный банк, программы помощи Канады, Саудовской Аравии, Кувейта и Программы развития Организации Объединенных Наций. Мали, Мавритания и Сенегал также внесли свой вклад в финансирование как страны, получающие помощь в рамках проекта. Льготные займы составили 64 % иностранного финансирования, в то время как остальная доля была представлена в виде грантов.

Затраты на сооружение гидроэлектростанции составили приблизительно 320 млн евро, которые профинансировали 10 донорских организаций, включая Агентство развития Франции (AFD), Всемирный банк, Кредитный банк *Kredistanstadt fur Wiederaufbau (KfW)* Германии, Агентство международного развития Канады (CDA), Европейский союз, Европейский инвестиционный банк (EIB), Исламский банк развития (IDB), Африканский банк развития (AfDB), Арабский фонд экономического и социального развития (FADES), Западноафриканский банк развития (BOAD).

Специалисты университета Штата Юта разработали методику определения эффективности затрат, согласно которой прибыли были отнесены в категории орошения, выработки электричества и судоходства. Эти прибыли далее были разделены между государствами-участниками с использованием фиксированной квоты («основы»), в которую можно вносить поправки.

Был разработан Единый сетевой тарифный протокол OMVS (*Interconnected Network Tariff Protocol*) для распределения электричества между национальными электрическими компаниями, отвечающими за вопросы потребления и оплаты тарифов за электричество. Компании *Eskom Energie Manantali* (EEM) был поручено обеспечить сбор платежей от национальных электрических компаний и передачу доходов *SOGEM* после вычета платежей по контракту. В целом, финансовые и экономические показатели для плотины являются перспективными. Коэффициент экономической рентабельности проекта составляет 15,9, коэффициент финансовой рентабельности составляет 7 в год (Gakusi, Delponte and Houetohossou, 2015).

Основные проблемы

- Строительство плотины не решило проблему энергообеспечения трех стран, в результате чего многие предприятия этих стран вынуждены полагаться на собственное производство электричества, учитывая частое ее отключение и постоянное снижение напряжения в национальных энергосетях
- Пришлось отказаться от планов развития судоходства как вида услуг, обеспечиваемых благодаря водохранилищу, поскольку такие планы оказались нереальными
- Строительство плотины оказало влияние на сельское хозяйство в районах ниже по течению, которое велось после спада паводка. По оценкам, проект обеспечит снижение паводков на территории площадью 30 000 га, а также сокращение площадей пастбищных земель для домашнего скота. Существует 15-летний план искусственного подтопления в районах ниже по течению от плотины (Degeorges and Reilly, 2006)
- Регулирование и минимизация потенциальных конфликтов, которые могут иметь место между трансграничными пользователями
- Несмотря на хорошие показатели, полученные на данный момент, существуют риски, касающиеся обеспечения устойчивости проекта в контексте технической (отсутствие адекватной системы распределения электричества), финансовой (погашение задолженности) и институциональной (политическая нестабильность в некоторых странах, участвующих в проекте).

Положительные внешние воздействия

- Объем выработки электричества благодаря строительству плотины превысило плановый показатель в 540 ГВт-ч
- Производство рыбы в озере Манантали в объеме 65–86 кг с одного га в год.

Отрицательные внешние воздействия

- Сооружение и заполнение водохранилища потребовало переселения 12 000 человек
- Большинство из переселенных 12 000 человек не получили достаточной площади земель и сельскохозяйственной поддержки. Финансовые затраты, необходимые для перехода на орошаемое сельское хозяйство, оказались недоступными для крестьянских семей, которые жили в долине реки Сенегал многие десятилетия
- Сельскохозяйственная территория после строительства плотины оказалась меньше ожидаемой. Вместо запланированной площади в 375 000 гектаров площадь орошения составляет на данный момент всего лишь примерно 100 000 гектаров, причем в год добавляется лишь около 2 000 гектаров орошаемых земель

- После проведения земельной реформы, которая противоречила традиционным правам на землю, на региональном уровне имели место серьезные конфликты с применением насилия (случаи убийства сенегальских фермеров жителями Мавритании, 1989 г.)
- Влияние на паводковое сельское хозяйство, рыболовство и выпас скота: снижение частоты паводков привело к снижению производства основных продуктов питания (сорго) в пойме реки
- Нарушение и уничтожение лесного покрова площадью около 120 км^2 вследствие снижения уровня грунтовых вод в результате уменьшения паводковых циклов
- Нарушение обширных зон обитания рыбы в зоне затопления из-за снижения частоты паводков в год, что в конечном итоге привело к сокращению добычи рыбы в бассейне реки
- Долгосрочные отрицательные факторы воздействия на перелетных птиц ввиду сокращения площадей затопляемых территорий
- Распространение заболеваний, передающихся через воду, в долине реки Сенегал (шистосомоз и малярия).

Регулирование

Организация *OMVS* имеет все правовые полномочия и возможности для управления бассейном реки Сенегал. Государства-участники включают Мали, Мавританию и Сенегал. Управление бассейном реки Сенегал осуществляется в соответствии с двумя основными соглашениями: Договор о статусе реки Сенегал (Convention Relative au Statut du FleuveSénégal), подписанный 11 марта 1972 года в Нуакшоте, Мавритания; и Договор о создании Организации по развитию реки Сенегал (Convention Portant Création de l'Organisation pour la Mise en Valeur du Fleuve Sénégal), подписанный 11 марта 1972 года в Нуакшоте, Мавритания. Кроме того, существуют другие соглашения; один из них непосредственно касается водохранилища Манантали «Договор о создании Организации по управлению энергоресурсами Манантали», подписанный 7 января 1997 года (Convention Portant Création de l'Agence de Gestion de l'Energie de Manantali).

В то же время существует совет *OMVS*, который выступает в роли генерального собрания SOGEM по надзору за проектом по плотине Манантали (SOGEM, 2016; Fraval et al., 2002).

Планы на будущее

Организация OMVS стремится обеспечить проведение исследований для экологического обоснования программы Манантали II. После реализации второй фазы проекта компания SOGEM планирует модернизацию существующих установок и расширение системы электропередачи для подачи электричества в соседние страны, где ощущается нехватка электроэнергии.

6.5. Озеро Асад (плотина Табка), бассейн реки Евфрат, Сирия

Собственники, в том числе владельцы активов

Правительство Сирии.

Физические характеристики

- Объем: 11 600 млн кубометров
- Площадь поверхности: 636,8 км^2
- Время пребывания воды: 51,3 %
- Общий объем возобновляемых водных ресурсов страны на душу населения: 386 м^3 на жителя в год
- Климатические условия: засушливые
- Трансграничные водопользователи: Турция (вверх по течению), Ирак (вниз по течению)
- Озеро Асад является крупнейшим водохранилищем Сирии (Wikipedia, 2016f).

Основные виды водопользования

Орошение, выработка электроэнергии.

Орошение

Озеро Асад служит для орошения 124 000 га земли (Wikipedia, 2016g).

Выработка электроэнергии

Гидроэлектростанция на плотине включает 8 турбин Kaplan, каждая с потенциальной мощностью 103 МВт.

Другое

Озеро Асад обеспечивает 80 млн кубометров питьевой воды в год для Алеппо по водопроводу. Водохранилище способствует развитию рыболовства во внутренних водах в промышленных масштабах.

Предоставляемые товары и услуги

Орошение, гидроэнергетика, питьевое водоснабжение, рыболовство.

Заинтересованные стороны

Правительство

- Правительство Сирии
- Правительство Турции
- Правительство Ирака.

Основные пользователи

- Фермеры
- Потребители электроэнергии
- Домашние хозяйства
- Рыболовы.

Другие

- Военизированные группы
- Исследователи.

Краткая история

Обсуждение вопроса о строительстве плотины на реке Евфрат были начаты еще в 1927 году, когда Сирия была французской подмандатной территорией. После получения независимости в 1946 году Сирия начала искать возможности для реализации проекта по строительству плотины. В 1957 году было достигнуто соглашение между правительством Сирии и Советского Союза, согласно которому Советский Союз обязался предоставить техническую и финансовую помощь для строительства плотины на реке Евфрат. В 1960 году Сирия подписала соглашение с Западной Германией, являясь частью Объединенной Арабской Республики (ОАР), на получение займа для финансирования строительства плотины, которое затем было прекращено после выхода Сирии из состава ОАР в 1961 году. Позднее в 1965 году Сирия заключила новое соглашение с Советским Союзом о финансировании строительства плотины; был создан специальный департамент по строительству плотины. Основной целью строительства плотины было обеспечение орошения по обоим берегам реки Евфрат и выработку электроэнергии. Плотина была сооружена в период с 1968 по 1973 годы; гидроэлектростанция была завершена в 1977 году.

В 2013 году плотина была захвачена военизированной группой сирийцев, в то же время работники плотины продолжали действия для поддержания ее функционирования.

Бизнес-модель финансирования МЦВИ, включая возмещение затрат

Общие затраты на строительство плотины составили 340 млн долл. США; 100 млн долл. США были выделены в виде займа Советским Союзом. Советский Союз также обеспечил техническую экспертную поддержку.

Основные проблемы

- Проект для юго-восточной Анатолии (GAP), представляющий собой многоцелевой проект развития водных ресурсов на турецкой стороне бассейна рек Тигр-Евфрат, может усилить риск неадекватной выработки электроэнергии на плотине Табка по причине регулирования водотока выше по течению (Tilmant, 2007)
- Трудность в достижении полного экономического потенциала плотины ввиду уменьшения водотока с территории Турции (выше по течению). Учитывая

снижение объема поступления водотока с территории Турции по сравнению с плановым, а также ввиду отсутствия технического обслуживания мощность по выработке электроэнергии на плотине составляет 150 МВт вместо плановых 800 МВт

- Имеет место спор между Ираком и Сирией в связи с уменьшением водотока из реки Евфрат на территорию Ирака, что связано с заполнением озера Асад. Это чуть не привело страны к состоянию войны
- Озеро стало территорией действий военизированных группировок в рамках гражданской войны в Сирии (Mali Online, 2016)
- Плотина не обеспечивает плановое орошение 640 090 га земель
- Система орошения озера Асад имеет проблемы в связи с высоким содержанием гипса в почве вокруг озера Асад, засолением почвы, обрушением каналов подачи воды из озера Асад
- Отсутствие правовых рамок для интегрированного управления водными ресурсами в Сирии (Wikipedia, 2016h).

Положительные внешние воздействия

- Озеро Асад является одним из основных внутренних объектов рыболовства в Сирии
- Международные усилия по раскопкам и регистрации археологических останков позволили сохранить большое число исторических артефактов в районе будущего озера Асад до начала заполнения водохранилища
- Важный объект для пребывания перелетных птиц в зимний период.

Отрицательные внешние воздействия

- Повышение уровня засоления вод реки Евфрат в Ираке (ниже по течению) вследствие снижения уровня сброса в результате строительства плотины Кебан в Турции и плотины Табка в Сирии (Rahi and Halihan, 2010)
- Состояние близкое к вооруженному конфликту между Ираком и Сирией в 1975 году в связи с сокращением сброса воды в Ирак после заполнения озера Асад (Kaya, 1998)
- Высокий уровень испарения из водохранилища (1,3 км^3/год) по причине высоких средних летних температур в Сирии.

Регулирование

В соответствии с соглашением между Сирийской Арабской Республикой и Ираком (1990 г.) Сирия согласилась подавать воды реки Евфрат в Ирак: по принципу 58% Ирак и 42% Сирия. Турция согласилась обеспечивать 50% природного водотока реки Евфрат на сирийской границе (Wikipedia, 2016).

Планы на будущее

Информация отсутствует.

6.6. Ганди Сагар, бассейн реки Чамбал, штат Мадхья-Прадеш, Индия

Собственники, в том числе владельцы активов

Эксплуатацию и содержание обеспечивает Департамент водных ресурсов, правительство штата Мадхья-Прадеш, Индия (Центральная комиссия по водным ресурсам, 2012).

Физические характеристики

- Объем: 7 322,8 млн кубометров (Wikipedia, 2016j)
- Площадь поверхности: 523,5 км^2/723 км^2
- Время пребывания воды: 79,6 %
- Общий объем возобновляемых водных ресурсов страны на душу населения: 1 103 м^3 на жителя в год
- Климатические условия: полупустынные (Wikipedia, 2016k)
- Трансграничные водопользователи: отсутствуют.

Основные виды водопользования

Орошение, выработка электроэнергии.

Орошение

Вода, сбрасываемая ГЭС, используется для орошения 427 000 гектаров (1 060 000 акров) после плотины, расположенной в 104 километрах ниже по течению, вблизи города Кота в штате Раджастан.

Выработка электроэнергии

Плотина обеспечивает функционирование ГЭС мощностью 115 МВт, имеющей пять генераторов мощностью 23 МВт, каждый из которых вырабатывает примерно 564 ГВт-ч в год.

Другое

Водохранилище привлекает большое число перелетных и неперелетных птиц в течение всего года. Международная организация по защите птиц и сохранению их среды обитания (*International Bird Life Agency, IBA*) присвоила водохранилищу критерий «A4iii», поскольку численность водоплавающих птиц в некоторых местах превышает 20 000.

Предоставляемые товары и услуги

Орошение, гидроэнергетика, территории для рыболовства, территории для пребывания перелетных птиц в зимний период.

Заинтересованные стороны

Правительство

- Департамент водных ресурсов
- Управление по орошению
- Агентство развития территорий.

Основные пользователи

- Фермеры
- Потребители гидроэлектроэнергии
- Рыбаки
- Рыболовные кооперативы.

Другие

- Гражданские форумы
- Научные сотрудники
- СМИ
- Туристы.

Краткая история

Строительство плотины было инициировано премьер-министром Индии Пандитом Джавахарлалом Неру в 1954 году. Плотина Ганди Сагар была построена в ходе фазы I плана развития, включавшего три фазы. Строительство было завершено в 1960 году. Эти три стадии развития были утверждены в 1951 году для развития долины реки Чамбал в рамках первого пятилетнего плана, принятого правительством Индии. В рамках фазы I, помимо плотины Ганди Сагар, была построена дамба Кота в 104 километрах ниже по течению для подачи воды на орошение в штате Раджастан. В рамках фазы II вода, сбрасываемая с плотины Ганди Сагар, использовалась путем ее отвода на 48 км – для чего была построена другая плотина (Рана Пратар Сингх). В рамках фазы III была построена еще одна плотина на участке между плотинами Ганди Сагар и Кота. Строительство плотины Ганди Сагар было завершено в 1960 году (Mandsaur, 2016).

Бизнес-модель финансирования МЦВИ, включая возмещение затрат

Общие затраты на строительство плотины Ганди Сагар составили примерно 184 млн инд. рупий, из них затраты на строительство ГЭС составили 48 млн инд. рупий.

Цены на оросительную воду в Мадхья-Прадеш колеблется от 99 инд. рупий/га до 741 инд. рупий/га. Кроме того, Рис (198 инд. рупий/га), пшеница (24 инд. рупий/га) и сахарного тростника (741 инд. рупий/га) имеют специфические ставки для оросительной воды (Albiac-Murillo, 2015).

Тариф на электроэнергию в Индии колеблется от 5,5 центов США/кВт·ч до 11,3 центов США за кВт·ч (Faisal, 2012).

Основные проблемы

- Полный объем водохранилище Ганди Сагар был достигнут за первые пять лет при общем периоде функционирования более пятидесяти лет. Водохранилище способно наполняться лишь частично, учитывая слабость водотока вследствие сильных колебаний площади водосбора вверх по течению (Gupta and Kawadia, 2003). Оценочный водоток в период планирования водохранилища составлял от 3 454 до 3 947 млн м^3, в то время как фактический водоток составлял 3 207 млн м^3. Этот водоток недостаточен для обеспечения емкости водохранилища в объеме 7 746 млн м^3
- За пятьдесят лет выработка электроэнергии всеми тремя энергоблоками в долине реки Чамбал снизилась на 25 % относительно проектных показателей на этот период
- По данным гидрографического обследования, проведенного в 2001 году, средний уровень отложений за первый 41-летний период составил 5,508 га-м/100 км^2/год, что значительно отличается от исходной оценки 3,6308 га-м/100 км^2/год (Jain, Agarwal and Singh, 2007).

Положительные внешние воздействия

- Природный заповедник Ганди Сагар в районе плотины Ганди Сагар (созданный в 1974 году) обеспечивает огромные возможности для наблюдения за самыми различными видами животного мира (Wikipedia, 2016l)
- Водохранилище обеспечивает место для пребывания перелетных и неперелетных птиц в течение всего года
- Международная организация по защите птиц и сохранению их среды обитания (International Bird Life Agency, IBA) присвоила водохранилищу критерий «A4iii», поскольку численность водоплавающих птиц в некоторых местах превышает 20 000
- Коммерческое рыболовство в водохранилище плотины Ганди Сагар было начато в 1959–60 годах, и, согласно имеющимся данным, это водохранилище имеет наиболее эффективную систему регулирования в штате
- Объем рыболовства в водохранилище Ганди Сагар составляет 607 тонн в год, при улове 9,21 кг/га (Petr, 2003).

Отрицательные внешние воздействия

- Для поддержания объема водотока в водохранилище был введен запрет на использование сбора поверхностного стока на некоторых участках водосбора водохранилища Ганди Сагар. Это привело к неравномерному распределению чистой прибыли между штатами Мадхья-Прадеш и Раджастан в рамках проекта развития долины реки Чамбал
- Запрет на сбор поверхностного стока привел к неравномерному развитию оросительных систем в районах, расположенных на территории водосбора

- Введение запрета на забор поверхностных вод в штате Мадхья-Прадеш объемы орошения с использованием подземных вод увеличились. В результате в некоторых районах отмечено понижение уровня подземных вод (на 15 м за 15 лет) (Gupta, Kawadia and Attari, 2007).

Регулирование

Для поддержания максимального уровня водостока в водохранилище Ганди Сагар правительство штата Мадхья-Прадеш ввело запрет на сбор поверхностного стока на территории водосбора плотины Ганди Сагар. Эта территория занимает более 22 500 км^2 в 8 районах Малва – Дхар, Индор, Девас, Шаджапур, Удджайн, Ратлам, Мандсаур и Нимуч.

Планы на будущее

Согласно некоторым организациям полный уровень водохранилища плотины Ганди Сагар можно снизить, не влияя при этом на функционирование плотины, с 1 312 до 1 295 футов (с 400 м до 394 м), что обеспечит возможность для сельскохозяйственного использования затопляемой территории в размере 40 000 га фермерами, которые первоначально были владельцами этих земель (Himanshu, 2010).

6.7. Озеро Хиракуд, бассейн реки Маханади, Индия

Владельцы права собственности, в том числе на активы

Правительство штата Орисса.

Физические характеристики

- Объем: 8 141 миллион м^3 (первоначальный)/5 896 миллион м^3 (измененный в 2000 г.)
- Площадь поверхности: 500,7 км^2/743 км^2
- Время нахождения воды (среднее время нахождения воды в водохранилище): 23,1 %
- Общий объем возобновляемых водных ресурсов страны на душу населения: 1 103 м^3 на жителя в год
- Климатические условия: тропические влажные
- Трансграничные водопользователи: не применимо (н/п)
- Плотина является самой длинной земляной плотины и водохранилища является одним из крупнейших искусственных озер в Азии (Choudhury, Sandbhor and Satapathy, 2012).

Основное водопотребление

Орошение, гидроэнергетика, управление паводками и засухой.

Орошение

Проект обеспечивает 1 556 км^2 орошения в период муссонов и 1 084 км^2 орошения весной в районах Самбалпур, Баргарх, Болангир и Субарнпур в штате Орисса.

Гидроэнергетика

Плотина обеспечивает выработку до 307,5 МВт электроэнергии на двух генераторах.

Электростанция I расположена у основания главной секции плотины и включает 3 турбины Kaplan х 37,5 МВт и 2 турбинных генератора Francis х 24 МВт с общей установленной мощностью 259,5 МВт. Электростанция II расположена в 19 км (12 милях) к юго-востоку от плотины в Чипилиме. Она включает 3 генератора х 24 МВт.

Управление паводками и засухой

Сооружение плотины позволило ослабить проблему периодических засух в верхнем бассейне реки Маханади, а также проблему паводков в районах нижней дельты, что приводило к повреждению культур.

Плотина обеспечивает управление паводками в дельте реки Маханади благодаря регулированию стока реки на площади 83 400 км^2 посредством дренажной системы (Wikipedia, 2016m).

Плотина обеспечивает защиту от паводков на площади 9 500 км^2 в дельте реки в районах Куттак и Пури.

Другое

Судоходство.

Товары и услуги

Ирригационное водоснабжение, выработка электроэнергии, защита от паводков, питьевое водоснабжение, водоснабжение и электроснабжение промышленных предприятий, расположенных ниже по течению (бумажные комбинаты, производство алюминия, риса, цемента, сахара).

Заинтересованные стороны

Правительство

- Организации штата, занимающиеся водными ресурсами: прежде всего Департамент водных ресурсов, Администрация по ирригации, Агентство по развитию территорий, Пани Панчаятс (Pani Panchayats) (Объединения водопользователей (ОВП) для управления водными ресурсам для орошения и Департамент по сохранению почв
- Департамент сельского хозяйства, включая Агентство по управлению сельскохозяйственными технологиями (АТМА), почвенную лабораторию, Самбалпур и отел органического сельского хозяйства
- Учреждения Panchayati Raj и их представители (органы сельского управления и урегулирования конфликтов).

Первичные водопользователи

- Фермеры
- Промышленные предприятия
- Рыболовы.

Другие

- Ассоциации, такие как союзы фермеров, АВП и другие организации гражданского общества
- Научные сотрудники и защитники окружающей среды (отдельные лица)
- Средства массовой информации (печатные и аудиовизуальные).

Краткая история

С 1868 года в дельте реки Маханади зарегистрировано 39 наводнений, а также серьезные периодические засухи в верхнем течении реки Маханади. Такие наводнения и засухи представляли опасность для жизни людей и объектов собственности и оказывали деморализующее воздействие на жителей, разбивая их надежды на улучшение земель (Baboo, 1991). Плотина была построена для борьбы с наводнениями в дельте реки Маханади и управления водными ресурсами реки в различных целях. Работы были начаты 15 марта 1946 года и завершены 13 января 1957 года. Производство электроэнергии наряду с орошением сельскохозяйственных земель началось в 1956 году, полный потенциал был достигнут в 1966 году. Плотина и водохранилище Хиракуд являются символом развития Индии после получения независимости.

Бизнес-модель финансирования МЦВИ, включая возмещение затрат

Общие капитальные затраты на проект составили 1 000,2 млн шри-л. рупий (в 1957 г.). Объем возмещения затрат на момент ввода в эксплуатацию водохранилища определен не был. Основное внимание уделялось обеспечению преимуществ населению, проживающему ниже по течению, и защите населения от наводнения. В то же время было реализовано несколько направлений политики для рационализации использования водохранилища Хиракуд.

До 1990 года воды из водохранилища использовалась в основном для выработки гидроэлектроэнергии и орошения. Промышленное водопотребление в этот период было минимальным. Поскольку основной целью проекта была борьба с паводками, в 1988 году был создан комитет, основной задачей которого было понижение уровня воды в водохранилище в муссонный сезон по мере возможности до уровня мертвого объема в целях контроля паводка.

Основные проблемы

- Протесты: была организована компания против строительства плотины на озере Хиракуд после того, как в 1945 году было принято решение о строительстве плотины. Строительство значительно отставало от графика, что привело к увеличению капитальных затрат, процентных ставок и заметному отставанию в получении отдачи от проекта

- Необходимость разработки стратегии компенсаций за переселение деревенских жителей (Baboo, 1991)
- Конфликт между фермерами в районе озера Хиракуд и Правительством штата Орисса в связи с использованием воды водохранилища промышленными предприятиями. Конфликт между промышленными предприятиями и сельскохозяйственным сообществом по вопросам стратегии водопользования
- Выработка электроэнергии составляет лишь 62,24% от запланированного объема
- Орошаемые земли составляют 55,85% от целевой первоначальной площади орошаемых земель
- Ограниченные запасы воды в водохранилище относительно его дренажного бассейна оказывали серьезное влияние на борьбу с паводками в районе нахождения водохранилища
- Влияние изменения климата на гидрологические условия может привести к снижению производительности и годового объема выработки гидроэлектроэнергии на водохранилище Хиракуд. Его среднемесячный объем воды можно уменьшить в будущих сценариях. Во многих сценариях на 2075-95 гг. водохранилище невозможно заполнить к окончанию сезона муссонов в октябре
- Большой сток ила в водохранилище Хиракуд в результате большого объема сведения лесов выше по течению от водохранилища
- Спустя полвека после строительства плотины, бассейн, водохранилище и система управления претерпели серьезные экономические и экологические изменения. Такие изменения значительно повлияли на водопользование и наличие водных ресурсов, как с точки зрения качества, так и количества, а также притока и оттока воды
- Незаконное рыболовство привело к чрезмерной эксплуатации рыбных запасов в водохранилище
- Прямой сток загрязненных вод вверх по течению вследствие сброса промышленных сточных вод привело к ухудшению качества воды в водохранилище
- Судоходство в водохранилище все еще не налажено, хотя это была одной из первоначальных целей.

Положительные внешние воздействия

- Достаточная подача воды из водохранилища в целях питьевого водоснабжения и на нужды санитарии
- Данное водохранилище является местом обитания перелетных птиц с Каспийского моря, озера Байкал, Аральского моря, Монголии, Центральной и Юго-Восточной Азии и Гималайского региона (Times of India, 2012)
- Вода, сбрасываемая с гидроэлектростанции, используется для орошения 4 360 км^2 сельскохозяйственных площадей в дельте реки Маханади

- На территории водохранилища Хиракуд находится рыбное хозяйство; среднегодовой улов составляет 6,6 кг/га (151,54 тонны в 2004-05 гг.). Улов включает 40 коммерческих видов рыбы: 239 кг рыбы каждого вида.

Негативные внешние воздействия

- Строительство плотины затронуло 249 деревень, и 22 144 жителей были переселены, что отрицательно отразилось на уровне жизни, привело к проблемам здоровья и заболеваниям, т.е. все они стали жертвами первоначального периода самостоятельного переселения
- Уровни компенсаций оказались намного ниже рыночной стоимости собственности, оставленной переселенцами
- Утверждается, что строительство плотины Хиракуд привело к затоплению большего количества земель и переселению большего количества людей, чем было указано в технико-экономическом обосновании (Nayak, 2010)
- Паводки после строительства плотины Хиракуд в основном обусловлены режимом управления функционированием водохранилища
- Учитывая рост числа промышленных предприятий после ввода водохранилища в эксплуатацию, увеличились концентрация загрязняющих веществ, в частности ртути, хлора, фтора и летучей золы в воде водохранилища, что сильно повлияло на разнообразие рыбных ресурсов и объемы улова
- Снижение объема притока воды, увеличение потребления воды промышленными предприятиями в определенных районах привело к усилению заиливания и изменению временных интервалов между сезонами
- Слабая стратегия распределения водных ресурсов и регулярное проведение работ по восстановлению каналов привело к эпизодической нехватке воды для орошения
- Недостаточный экологический водоток.

Нормативное регулирование

Основной целью плотины Хиракуд является борьба с паводками, в то время как орошение и выработка электроэнергии являются второстепенными целями. Для того чтобы сделать это водохранилище более полезным с экономической точки зрения, разработчики спланировали его как многоцелевой проект, который должен был обеспечить другие экономические выгоды. Для обеспечения многоцелевых потребностей уровень воды в водохранилище необходимо поддерживать на минимально возможном уровне в муссонный период с тем, чтобы можно было хранить и регулировать сброс паводковых вод. Кроме того, плотину необходимо заполнять до самого высокого уровня водохранилища к концу сезона муссонов, чтобы обеспечить подачу воды для орошения, питьевого водоснабжения и выработки электроэнергии.

Для управления водохранилищем в течение года в целях контроля паводков и обеспечения наличия воды в водохранилище по завершении сезона муссонов для других целей, создан специальный комитет, отвечающий за повышение и понижение уровня воды в водохранилище в определенные периоды.

После 1990 года в дополнение к Закону о речном совете (1956 года) были определены новые приоритеты по водопользованию в различных секторах, закрепленные в следующих актах: Водная политика штата (1994), Закон и правила штата Орисса Pani Panchayat (2002), Водный план штата (2004), Закон Pani Panchayat (2005) и Водная политика штата (2007). Последние из упомянутых актов изменили законодательство от 1994 года.

Эти акты определяют стратегию управления и тарифы для уплаты правительству за пользование водохранилищем Хиракуд и его водными ресурсами. Водная политика штата Орисса 2007 года определила приоритеты использования водных ресурсов: основной приоритет – питьевое водоснабжение, далее следуют защита окружающей среды, орошение и гидроэнергетика, на пятом месте находится промышленность. В 2004 году была разработана новая политика в области рыбного хозяйства с увеличением тарифов на отлов рыбы.

Планы на будущее

- На водохранилище Хиракуд были проведены работы по подводному сканированию для количественной оценки и анализа трещин в плотине в целях принятия необходимых мер по их устранению (FAO, India 1994b)
- Ведутся дискуссии относительно проведения специального исследования для общей оценки производственных показателей проекта Хиракуд, а также его социально-экономического воздействия и воздействия на окружающую среду
- Существуют планы для систематического пересмотра решений, принятых в период переселения населения, консультирования всех заинтересованных сторон в рамках широких консультаций, пересмотра ранее принятых решений и их реализации, обеспечения равноправии и справедливости с учетом экономических факторов и факторов эффективности.

6.8. Плотина ирано-туркменской дружбы (водохранилище Дости)

Собственники, в том числе владельцы активов

- В Туркменистане: Министерство водного хозяйства и мелиорации
- В Иране: Региональное управление водных ресурсов (Razavi Khorasan).

Физические характеристики

- Объем: 1 250 млн кубометров
- Площадь поверхности: 30 км^2
- Время пребывания воды: 31,88%
- Общий объем возобновляемых водных ресурсов страны на душу населения: 261 м^3 на жителя в год (Туркменистан) – 1 624 м^3 на жителя в год (Иран)
- Климатические условия: полузасушливые
- Трансграничные водопользователи: Афганистан (вверх по течению), Туркменистан и Иран.

Основные виды водопользования

Орошение, выработка электроэнергии.

Орошение

Из 970 млн кубометров воды, поступающей в водохранилище Дости, 114 млн кубометров воды отводится в системы орошения Ирана, а 325 млн кубометров отводится в системы орошения Туркменистана.

Гидроэнергетика

Установленная мощность плотины 16 МВт обеспечивают 3 турбины Francis (Wikipedia, 2016n).

Другое

178 млн кубометров воды подается на питьевое водоснабжение и в промышленных целях в Иране. 33 млн кубометров воды отводится в Иран для пополнения вод.

Предоставляемые товары и услуги

Орошение, гидроэнергетика, питьевое водоснабжение.

Заинтересованные стороны

Правительство

- В Туркменистане: прежде всего Министерство водного хозяйства и мелиорации
- В Иране: Региональное управление водных ресурсов (Razavi Khorasan) Ирана.

Основные водопользователи

- Фермеры Туркменистана и Ирана
- Промышленные предприятия Ирана
- Домашние хозяйства Туркменистана и Ирана.

Другие

- Фермеры и домашние хозяйства Афганистана
- Научно-исследовательские учреждения.

Краткая история

С начала 1920-х годов имели место дискуссии и споры между Ираном и Советским Союзом по вопросам использования вод реки Харируд. В 1921 году между Ираном и Советским Союзом было подписано соглашение, которое определяло порядок использования вод реки Герируд. В 1926 году было подписано соглашение об «Использовании приграничных рек и вод вдоль реки Харируд до Каспийского моря» и обсуждеены возможности для строительства плотины на реке Харируд. В 1958 году обе

страны договорились о выполнении технико-экономического обоснования строительства водохранилища и плотины; эта работа была выполнена в период с 1974 по 1979 годы. Однако последствия Иранской революции и развала Советского Союза привели к задержке работ по плотине (Nairizi, 2016).

В дальнейшем в 1991 году между Туркменистаном и Ираном был подписан протокол о проведении нового технико-экономического обоснования и разработан план строительства плотины. Конечный проект был одобрен правительством обеих стран в 1999 году, и в 2000 году был создан совместный руководящий комитет. Строительство плотины было начато в 2001 году; завершение строительства было запланировано на 2005 год, однако фактически работы были завершены на год позже.

Бизнес-модель финансирования МЦВИ, включая возмещение затрат

Общие затраты на проект составляли 168 млн долл. США. Доля финансирования со стороны Туркменистана и Ирана была равной; совместный руководящий комитет был создан для обеспечения равноправных выгод для обеих сторон.

Тариф на электричество в Иране колеблется от 2 до 19 цент. США за кВт·ч (Wikipedia, 2016o). Поверхностная вода для орошения в Иране оценивается в 1-3% от стоимости выращиваемых сельскохозяйственных культур (Keshavarz et al., 2005).

По имеющимся сведениям, электричество в Туркменистане поставляется бесплатно до определенного лимита, однако информация о тарифной политике отсутствует (Inogate, 2015). Вода для орошения также поставляется в Туркменистане бесплатно в установленных лимитах (EBRD, 2009).

Основные проблемы

- Отсутствие соглашения и правовых институтов по управлению бассейном реки Герируд между приграничными странами
- Строительство плотины индийско-афганской дружбы выше по течению
- Использование устаревших ирригационных систем вверх по течению от водохранилища с низкой эффективностью использования воды
- Проблемы языка и перевода между двумя сторонами в процессе управления и проведения работ на плотине
- Непростая финансовая ситуация в обеих странах
- Вопросы управления и реализации в процессе эксплуатации водохранилища и плотины
- Потери воды вследствие испарения и утечки
- Засухи и сезонность водотока в реке; в 2000 году в течение 10 месяцев река полностью высохла.

Положительные внешние воздействия

- Развитие: постоянное развитие водохозяйственном комплексе и секторе энергетики в регионе
- Политика: улучшение демаркации границы между Ираном и Туркменистаном
- Расширение двусторонних отношений между Ираном и Туркменистаном после улучшения отношений между двумя странами благодаря введению в строй данного водохранилища.

Отрицательные внешние воздействия

Информация отсутствует.

Регулирование

Совместный руководящий комитет (СРК), в который вошли представители обеих стран, первоначально занимался изучением технических или правовых проблем, возникающих в процессе строительства плотины (см. рисунок 6.2) (Attarzadeh and Vatanfada, 2011).

Позднее СРК был преобразован в комитет, отвечающий за вопросы эксплуатации плотины. Комитет занимается вопросами распределения воды из водохранилища, экологического водотока реки Герируд и создания новой плотины для отведения воды ниже по течению для сельскохозяйственного использования (Vatanfada and Mesgari, 2014).

Рисунок 6.2. **Совместный координационный комитет (СКК) для плотины Дости**

Источник: Vatanfada and Mesgari (2014), *Doosti Dam Progress on Water Cooperation* (Достижения в области сотрудничества при эксплуатации плотины Дости).

Планы на будущее

Иран, Туркменистан и Афганистан готовы создать трехсторонние комиссии по водным и энергетическим ресурсам для внесения вклада в улучшение водных и энергетических систем на региональном уровне (MEHR, 2016).

6.9. Капчагайское водохранилище на реке Или, Казахстан

Собственники, в том числе владельцы активов

Правительство Казахстана.

Физические характеристики

- Объем: 28 100 млн кубометров
- Площадь поверхности: 1 206 км^2
- Время пребывания воды: 2 308,3 %
- Общий объем возобновляемых водных ресурсов страны на душу населения: 3 651 м^3 на жителя в год
- Климатические условия: полузасушливые
- Трансграничные водопользователи: КНР (вверх по течению), Казахстан.

Основные виды водопользования

Орошение, выработка электроэнергии.

Орошение

Водохранилище обеспечивает подачу воды в засушливый период на орошение ниже по течению (Wikipedia, 2016p).

Гидроэнергетика

Мощность гидроэлектростанции составляет 364 МВт: 4 турбины мощностью 91 МВт каждая обеспечивает выработку 972 млн. кВт·ч электроэнергии в год (Wikipedia, 2016q).

Другое

К другим водопользователям относятся рыбное хозяйство и рекреация.

Предоставляемые товары и услуги

Орошение, гидроэнергетика, рыболовство, туризм, рекреация.

Заинтересованные стороны

Правительство

- Правительство Казахстана
- Правительство Китая.

Основные пользователи

- Фермеры
- Домашние хозяйства
- Рыбаки.

Другие

- Алматинская объединенная электроэнергетическая компания
- Туристы
- Негосударственные учреждения
- Научно-исследовательские учреждения.

Краткая история

Строительство Капчагайского водохранилища на реке Или в Казахстане было начато в период Советского Союза в 1967 году. Целью строительства Капчагайского водохранилища было развитие системы орошения в бассейне Или-Балхаш в Казахстане. Строительство плотины было завершено в 1969 году, заполнение водохранилища было начато в 1970 году. План предусматривал заполнение водохранилища за период в 20 лет. Однако заполнение водохранилища, а также засушливые климатические условия привели к снижению уровня воды в озере Балхаш, что оказало неблагоприятное воздействие на хрупкую экосистему озера Балхаш и его окрестности. Учитывая экологические проблемы, заполнение водохранилища было прекращено в 1989 году и возобновлено после распада Советского Союза. В регионе также прекратилось развитие систем орошения, что привело к сокращению деятельности человека и улучшению состояния водных ресурсов в озере Балхаш (Aladin and Plotnikov, 1993).

Бизнес-модель финансирования МЦВИ, включая возмещение затрат

В настоящее время управление бассейном, включая Капчагайское водохранилище и Капчагайскую гидроэлектростанцию, осуществляет единый орган, но эта работа плохо координируется. С 1996 года управление гидроэлектростанцией на Капчагайском водохранилище обеспечивает Аламатинская компания *Almaty Power Consolidated Company (APCC)*. В 2007 году компания была реорганизована, и Капчагайская ГЭС была включена в сеть “*Almaty Power Stations*”. Компания продает вырабатываемую электроэнергию, в то же время фермеры, использующие воду водохранилищ для орошения, за воду как природный ресурс не платят.

Основные проблемы

- Заполнение Капчагайского водохранилища, а также резкое изменение гидрологических условий в реке Или привели к снижению уровня воды в озере Балхаш, что привело к экологическим проблемам на озере Балхаш и ухудшению его экологического состояния
- Экономические проблемы, заставившие Казахстан сократить сельскохозяйственную деятельность после распада Советского Союза
- В связи с развитием политической и экономической деятельности Китая в бассейне Или-Балхаш правительство Китая планирует увеличить водозабор из реки Или в ближайшее время для расширения площадей под орошение на 450 000 га. Правительство также планирует построить 15 водохранилищ в верхнем течении реки на всех трех крупных притоках реки Или. Это приведет к понижению водотока в данное водохранилище
- Имеется конфликт интересов между различными водопользователями (выработка электроэнергии и потребность в воде для орошения), в результате чего уменьшается сброс воды в летнее время и повышается в зимний период
- Система управления водными ресурсами в Республике Казахстан после распада Советского Союза нуждается в совершенствовании для обеспечения результативного интегрированного управления водными ресурсами
- Местные фермеры, будучи основными потребителями воды из реки Или, не платят за потребление воды (за воду, как природный ресурс). Тем самым они не заинтересованы во внедрении эффективных технологий водопользования (Propastin, 2012).

Положительные внешние воздействия

- Капчагайское водохранилище является туристическим объектом в Алматинской области в летние месяцы
- Капчагайское водохранилище также является крупным рыболовным объектом в регионе (Petr, 2003)
- Усиление уникального биоразнообразия в районах дельты реки
- Большие возможности для развития отдыха в новой дельте
- Мелиорация земель в новой дельте (Starodubtsev and Bogdanets, 2011).

Отрицательные внешние воздействия

- Снижение уровня воды в озере Балхаш привело к:
  - Нарушению состояния водно-болотных угодий в районе бассейна озера Балхаш, повышению уровня засоления озера, сокращению рыбных запасов в озере и изменение природного гидрологического режима.

Регулирование

Для снижения ухудшения состояния окружающей среды озера Балхаш по причине сокращения водотока правительство Казахской Советской Социалистической Республики прекратило заполнение Капчагайского водохранилища в 1990 году (эта практика существовала до распада Советского Союза в 1991 году).

В период Советского Союза при Министерстве водного хозяйства (Минводхоз) в каждой республике Центральной Азии было создано Бассейновое водное объединение (БВО). Мандат такого объединения предусматривал координацию и надзор за использованием водных ресурсов между странами. Объединения также отвечали за управления системами аккумулирования водных ресурсов и водоотведения в соответствующих речных бассейнах.

Планы на будущее

Улучшение системы управления водными ресурсами в бассейне озера Балхаш.

6.10. Кайраккумское водохранилище, бассейн реки Сырдарья, Таджикистан

Собственники, в том числе владельцы активов

Правительство Таджикистана.

Физические характеристики

- Объем: 3 500 млн кубометров
- Площадь поверхности: 933,4 км^2
- Время пребывания воды: 5,9 %
- Общий объем возобновляемых водных ресурсов страны на душу населения: 7 482 м^3 на жителя в год
- Климатические условия: пустынные
- Трансграничные водопользователи: Казахстан, Кыргызстан и Узбекистан.

Основные виды водопользования

Орошение, выработка электроэнергии.

Орошение

Вода из Кайраккумского водохранилища используется для орошения 52 000 га рисовых полей.

Выработка электроэнергии

Гидроэлектростанция на плотине имеет шесть турбин *Kaplan* генерирующей мощностью 21 МВт каждая (GIBB & SMEC, 2000).

Другое

Среднегодовая добыча рыбы в водохранилище превышает 100 тонн.

Предоставляемые товары и услуги

Орошение, гидроэнергетика, рыболовство, питьевое водоснабжение, рекреация.

Заинтересованные стороны

Правительство

- Правительство Таджикистана и государственные учреждения.

Основные пользователи

- Фермеры
- Рыболовы
- Население, проживающее в районах вниз по течению
- Домашние хозяйства.

Другие

- Население, проживающее в районах вверх по течению
- Туристы
- Негосударственные учреждения
- Научно-исследовательские учреждения.

Краткая история

Строительство плотины на Кайраккумском водохранилище было начато в июле 1951 года. Разработкой плотины занималось ОАО Институт *ГИДРОПРОЕКТ* в Ташкенте. Сооружение плотины повлекло переселение почти 2 400 семей из 20 сельских районов, которые подлежали затоплению после заполнения водохранилища. Большинство таких семей получили землю в районах выращиваниия хлопка в Таджикистане, в северной части страны. Процесс заполнения водохранилища был начат в 1956 году; сдача водохранилища в эксплуатацию состоялась в 1959 году. Во времена Советского Союза водохранилище в основном использовалось для орошения, в то время выработка электричества была второстепенной задачей; однако ситуация кардинально изменилась после распада Советского Союза (Wikipedia, 2016r).

Бизнес-модель финансирования МЦВИ, включая возмещение затрат

По состоянию на 2006 год в Таджикистане действовал единый тариф в размере 2 долл. США за 1 000 м^3 воды – независимо от источника воды или водопользования. Этот тариф был ниже операционных затрат на инфраструктуру. На национальном уровне с 2000 по 2004 годы правительство тратило примерно 1,7 млн долл. США в год на усовершенствование систем орошения и сбора-дренажа. В те же временные сроки плата за воду составляла 28,6 долл. США на гектар орошаемой земли, причем из этой суммы 60% оплачивали фермеры.

В 2015 году начался проект по модернизации Кайраккумской гидроэлектростанции в 2 фазы. Общие затраты на модернизацию составят 169 млн долл. США. Затраты на фазу 1 составят примерно 50 млн долл. США, которые частично будут профинансированы Европейским банком реконструкции и развития (ЕБРР). Пилотная программа обеспечения устойчивости климата (PPCR) Климатического инвестиционного фонда выделит грант в размере 11 млн долл. США и 10 млн долл. США в виде льготного кредита (HydroWorld, 2015).

Основные проблемы

- Существуют разногласия между Узбекистаном и Таджикистаном по вопросам строительства водохранилищ в горных районах и их эксплуатации, поскольку вода из Нурекского и Кайраккумского водохранилищ используется для орошения в Узбекистане, Туркменистане и Казахстане (FAO, 2016)
- Одной из основных проблем стало противоречие между потребностями в производстве электричества и орошении на данном водохранилище. Потребности в воде для производства электричества в зимний период обусловливают ограничение по сбросу воды в летний период, когда потребность в воде на орошение выше. Это привело к потере доходов от орошения в летний период вследствие избыточной выработки электричества в зимнее время
- Размывание берегов и затопление берегов водохранилища, ведущие к изменению климата вниз по течению, привели к снижению качества воды, используемой для орошения
- В течение длительного времени водохранилище имеет место непрерывное заиливание, что сокращает эффективный объем и продолжительность эксплуатации водохранилища
- Недостаточная координация планирования водных ресурсов на национальном уровне (*Министерство* мелиорации и *водных ресурсов Республики Таджикистан, 2006*).

Положительные внешние воздействия

- Снижение уровня сейсмической активности в примыкающих районах благодаря дополнительной нагрузке и понижению уровня твердости земной коры вследствие увлажнения
- Защиты от внезапных наводнений
- Улучшение микроклимата в прилегающих районах и улучшение возможностей для отдыха (CA&CC Press AB, 2016)
- Функционирование мест разведения рыбы с использованием воды из водохранилища в течение многих лет (Khaitov et al., 2013)
- Коммерческое рыболовство в водохранилище позволяет улучшить практику рыболовства в районе. Вместе с развитием рыболовства развиваются предприятия, обслуживающие рыбный сектор
- Международная организация по защите птиц и сохранению их среды обитания *BirdLife International* определила территории площадью 1 150 км^2, включающие водохранилище и близлежащие районы, как территорию, важную для птиц. Эта территория классифицирована как Рамсарское угодье.

Отрицательные внешние воздействия

- Постоянное заиливание водохранилища может привести к нехватке воды до 700 млн кубометров в вегетационный период (сезон орошения). (*Министерство* мелиорации и *водных ресурсов Республики Таджикистан, 2006*).

Регулирование

Межгосударственные структуры играют важную роль в управлении режимом гидроэнергетики на региональном уровне. Гидрохозяйственная ассоциация бассейнов (ВНА) рек Сырдарья и Амударья отвечает за гидрохозяйственные оросительные сооружения. Межгосударственная гидрохозяйственная координационная комиссия (IHCC) занимается вопросами выработки политики, решением проблем и утверждает ежегодные рабочие условия. Электроэнергетический совет Центральной Азии и его исполнительная структура, Единый диспетчерский центр (ЕДЦ Центральной Азии), непосредственно следят за координацией энергетических систем и устойчивостью их эксплуатации.

Управление Кайраккумское водохранилищем осуществляется на основе трехстороннего соглашения, подписанного Казахстаном, Кыргызстаном и Узбекистаном, которое определяет рабочие условия для регулирования речного водотока и устранения неравенства между тремя странами в сфере орошения и производства электричества (CA&CC Press AB, 2016).

Планы на будущее

Был подписан контракт с австрийской консалтинговой фирмой для модернизации гидроэлектростанции на Кайраккумском водохранилище. Эта работа будет выполнена в 2 фазы. В ходе фазы 1 будут модернизированы 2 из шести блоков, будут расширены полномочия должностных лиц энергетического сектора, будет разработан план регулирования. В ходе фазы 2 будет создан орган по вопросам политики и регулирования, будет разработана новая тарифная методика, а также законодательство для улучшения системы управления и ведения бизнеса государственной энергетической компании (отвечающей за эксплуатацию гидроэлектростанции).

6.11. Нурекское водохранилище на реке Вахш, Таджикистан

Собственники, в том числе владельцы активов

«Барки Точик» (Государственная объединенная энергетическая компания Таджикистана)

Физические характеристики

- Объем: 10 500 млн кубометров
- Площадь поверхности: 62 км^2
- Время пребывания воды: 108,8%
- Общий объем возобновляемых водных ресурсов страны на душу населения: 7 482 м^3 на жителя в год

- Климатические условия: засушливые
- Трансграничные водопользователи: Кыргызстан (вверх по течению), Узбекистан и Туркменистан (вниз по течению)
- Вторая по высоте плотина в мире и крупнейшее водохранилище Таджикистана (Olsson et al., 2008).

Основные виды водопользования

Орошение, выработка электроэнергии.

Орошение

Орошение сельскохозяйственных земель осуществляется за счет использования воды из водохранилища путем подачи воды по ирригационному каналу Дангара (14 км) и далее распределяется по территории орошения площадью около 70 000 га (700 кв.км). (Wikipedia, 2016s)

Выработка электроэнергии

Изначально на Нурекской гидроэлектростанции было установлено 9 турбин типа *Francis* мощностью 300 МВт каждая (всего 2 700 МВт). Установленная мощность по выработке электроэнергии была доведена до 3 015 МВт – с 1984 по 1988 годы и увеличена далее до 4,0 ГВт. Эта плотина обеспечивает 98 % выработки электроэнергии в стране.

Другое

В Нурекском водохранилище проводится выращивание рыбы в садках и осуществляется лов рыбы (аквакультура).

Предоставляемые товары и услуги

Орошение, гидроэнергетика, рыболовство, рекреация.

Заинтересованные стороны

Правительство

- Правительство Таджикистана
- «Барки Точик».

Основные пользователи

- Фермеры Таджикистана
- Рыбаки Таджикистана
- Население, проживающее в районах вниз по течению
- Домашние хозяйства.

Другие

- Население, проживающее в районах выше по течению
- Туристы
- Негосударственные учреждения
- Научно-исследовательские учреждения.

Краткая история

Строительство Нурекской плотины на реке Вахш было начато в 1961 году. Все электрогенераторы были введены в эксплуатацию в период 1972-1979 годов, в то время как весь проект был завершен в 1980 году. Первоначально основной целью плотины было обеспечение подачи воды на нужды орошения в период вегетации. В настоящее время плотина обеспечивает сброс воды при выработке электроэнергии в зимние месяцы.

Бизнес-модель финансирования МЦВИ, включая возмещение затрат

«Барки Точик» продает электроэнергию по ценам, устанавливаемым правительством. Средневзвешенный тариф в 2006 году в эквиваленте составлял 0,006 долл. США за кВт·ч и к 2008 году был повышен до 0,015 долл. США за кВт·ч. Эти уровни тарифов не обеспечивают покрытие производственных затрат источников электроэнергии. По информации «Барки Точик», тарифы для покрытия производственных затрат и обеспечения финансовой устойчивости сектора электроэнергетики должны составлять 0,030 долл. США за кВт·ч. В 2010 году правительство повысило тарифы до средневзвешенного уровня 0,024 долл. США за кВт·ч в 2010 году.

Кроме того, правительство Таджикистана внедрило систему субсидий в электроэнергетике, что влияет на структуру образования цены на электроэнергию и не позволяет привлечь частный сектор для финансирования капитальных инвестиций в электроэнергетический сектор.

Основные проблемы

- Экономический кризис в Таджикистане после распада Советского Союза. Таджикистан сильно зависит от Нурекской гидроэлектростанции в обеспечении своих потребностей в электроэнергии
- Как указано в докладе Всемирного банка (2005 г.), в последние 25 лет в результате заиливания глубина Нурекского водохранилища сократилась примерно на 50 м от исходной общей глубины в 300 м. Это ведет к сокращению его срока службы
- В районе Нурекского водохранилища регистрируется постоянная сейсмическая активность и землетрясения умеренного уровня
- Возможный конфликт интересов между Таджикистаном и Узбекистаном, особенно если будет построена плотина Рогун выше по течению от Нурекской плотины. При наличии двух плотин на реке Вахш возможности для регулирования стока со стороны Таджикистана увеличатся, что может привести к нехватке воды в Узбекистане (Votrin, 2003)

- После распада Советского Союза учреждения по управлению речным бассейном сильно ослабли. Бассейновая организация, созданная во времена Советского Союза для управления водотоком реки Амударья, не стала исключением, что было обусловлено слабой политической волей и низким уровнем сотрудничества. Эта организация должна была заниматься управлением распределением водных ресурсов (вододелением) в районах, прилегающих к реке (Glantz, 2005).

Положительные внешние воздействия

- Нурекское водохранилище стало важным объектом рекреации в Таджикистане: отдых, катание на лодках, ловля рыбы
- Снижение уровня взаимозависимости между условиями контроля водотока ниже и выше по течению с учетом малого объема воды бассейна реки Амударья, контролируемого Нурекским водохранилищем
- Рыболовство и развитие аквакультуры в водохранилище (Khaitov et al., 2013).

Отрицательные внешние воздействия

- Переселение 5 000 жителей
- Аккумулирование значительной части стока реки Вахш в водохранилище в первые годы после сдачи плотины в эксплуатацию (1972 год)
- Количество землетрясений в первые 9 лет после заполнения Нурекского водохранилища превысило 1800. Сила землетрясений составляла от 1,4 до 4,6 баллов по шкале Рихтера. Уровень сейсмической активности увеличился более чем в 4 раза после заполнения водохранилища (Simpson and Negmatullaev, 1981; Soboleva and Mamadaliev, 1976).

Регулирование

Объем воды в Нурекском водохранилищ регулируется для выработки электроэнергии и обеспечения орошаемого земледелия в районах ниже по течению. Ежедневные значения уровня воды в Нурекском водохранилище, показатели притока и оттока, представленные на рисунке 6.3 за период с 2003 по 2004 годы, показывают, каким образом проводится регулирование водохранилища для использования воды реки Вахш на нужды орошаемого земледелия в расположенных ниже по течению районах Туркменистана и Узбекистана по сезонам (Srivastava et al., 1995).

Планы на будущее

Полтина Рогун, которая сооружается в 70 км вверх по течению от Нурекского водохранилища, должна положительно сказаться на снижении заиливания и потерь воды в водохранилищах ниже по течению. Это будет обеспечено улавливанием ила на плотине Рогун.

Рисунок 6.3. **Ежедневное колебание уровня воды, притока и оттока Нурекского водохранилища за 2003 и 2004 годы**

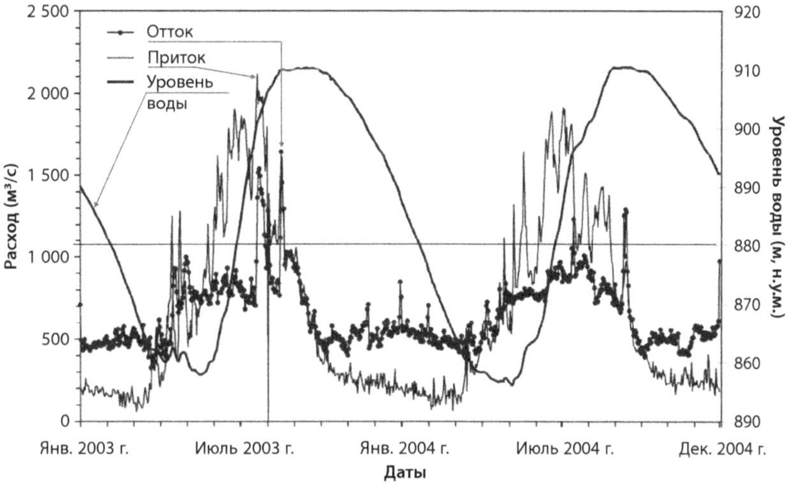

Источник: Olsson, O. et al. (2008), *The role of the Amu Darya dams and reservoirs in future water supply in the Amu Darya basin* (Роль плотин и водохранилищ на реке Амударья для будущего водоснабжения в бассейне реки Амударья).

6.12. Токтогульское водохранилище на реке Нарын, Кыргызстан

Собственники, в том числе владельцы активов

Правительство Кыргызстана.

Физические характеристики

- Объем: 19 500 млн кубометров
- Площадь поверхности: 223,5 км^2
- Время пребывания воды: 267%.
- Общий объем возобновляемых водных ресурсов страны на душу населения: 8 237 м^3 на жителя в год
- Климатические условия: засушливые
- Трансграничные водопользователи: Казахстан и Узбекистан.

Основные виды водопользования

Орошение, выработка электроэнергии.

Орошение

Ввод в эксплуатацию водохранилища позволил увеличить объем подачи воды на уже используемые орошаемые земли площадью 800 000 га, а также на новые орошаемые земли площадью 480 000 га. Орошаемые земли расположены в основном в Узбекистане и Казахстане.

Выработка электроэнергии

Потенциал водохранилища по выработке электроэнергии составляет 1 200 МВт (4 турбины по 300 МВт каждая), в то время как годовая выработка электроэнергии составляет 4 100 млн кВт·ч. Это обеспечивает 90% производства электроэнергии в Кыргызстане (Kraak, 2012).

Другое

Улов рыбы в Токтогульском водохранилище в 2005 году составил 150 тонн.

Предоставляемые товары и услуги

Орошение, гидроэнергетика, рыбное хозяйство, туризм, рекреация.

Заинтересованные стороны

Правительство

- Правительство и государственные учреждения Кыргызстана
- Правительство и государственные учреждения Казахстана
- Правительство и государственные учреждения Узбекистана.

Основные пользователи

- Фермеры Кыргызстана, Казахстана и Узбекистана
- Рыболовы
- Организация, управляющая ГЭС
- Промышленные предприятия
- Домашние хозяйства.

Другие

- Туристы
- Негосударственные учреждения
- Научно-исследовательские учреждения.

Краткая история

Токтогульская гидросистема была создана для обеспечения выполнения целевых показателей, установленных правительством бывшего Советского Союза, с учетом роста производство хлопка с 4,3 млн тонн в 1960 году до 8 млн тонн в 1970 году и 10-11 млн тонн в 1990 году. Для увеличения объемов производства хлопка необходимо было реализовать широкую программу строительства систем орошения – особенно в бассейне реки Сырдарья (Узбекистан и Казахстан), наиболее важном хлопководческом регионе Центральной Азии. Орошение с использованием Кайраккумского водохранилища зависело от естественного водотока реки, поскольку здесь отсутствовали водорегулирующие сооружения (водохранилища). По этой причине для обеспечения долгосрочного регулирования водотока на реке Нарын было построено Токтогульское водохранилище, которое предназначалось для эффективного обеспечения аккумулирования воды в объеме 14,0 млрд кубометров (в соответствии с требованиями для орошения). Фактический полный объем водохранилища составляет 19,5 млрд кубометров для подпора воды в каньоне реки Нарын, Кетментубской впадине и долинах трех притоков Нарына – Узунахмат, Чичкан и Торкент.

После распада Советского Союза Кыргызстан стал независимой страной, где ощущалась сильная нехватка электроэнергии в зимний период и нехватка полезных ископаемых, таких как нефть, уголь и природный газ, а международные цены на ископаемые топливные ресурсы были высокими, и оплата производилась в твердой валюте. Это привело к серьезной энергетической проблеме в стране, когда Кыргызстан должен был отказаться от использования Токтогульского водохранилища в ирригационно-энергетическом режиме (т.е. преимущественно для орошения) и отдать приоритет выработке электроэнергии. Новый режим эксплуатации водохранилища потребовал снижения объема сброса воды в летний период (когда потребность в воде на орошение ниже водохранилища является высокой) и повышения объема сброса воды в зимний период (когда потребность в воде на орошение ниже водохранилища низкая).

Начиная с 1994 года страны Центральной Азии подписали ряд протоколов и соглашений для развития водного и энергетического сектора в регионе. В частности в 1998, 1999 и 2000 годах между Казахстаном, Кыргызстаном и Узбекистаном были подписаны три соглашения об использовании каскада водохранилищ Нарын-Сырдарья для водопользования и выработки электроэнергии (CAWATER, 2016a).

Бизнес-модель финансирования МЦВИ, включая возмещение затрат

Кыргызстан продает электроэнергию, которая поставляется населению страны по низким ценам при очень низком уровне сбора платежей (Teasley and McKinney, 2011). Электроэнергия, вырабатываемая Токтогульской ГЭС, также поставляется на основе бартера в соседние страны – Узбекистан и Казахстан – в обмен на природный газ и уголь соответственно (UN Water, 2013). После 1995 года Казахстан, Кыргызстан и Узбекистан подписали ряд протоколов и соглашений, которые в широком смысле оговаривают, что в летнее время Узбекистан и Казахстан будут покупать у Кыргызстана избытки вырабатываемой им электроэнергии в равных количествах; в свою очередь эти страны будут осуществлять эквивалентные поставки электроэнергии и топлива в зимнее время в Кыргызстан.

Имеется 3-фазный план модернизации ГЭС на Токтогульском водохранилище. Этот план финансируется Азиатским банком развития (Восстановление ГЭС на Токтогульском водохранилище в Киргизской Республике). Фаза 1 включает замену электромеханического оборудования на электростанции. Фаза 2 включает замену второго и четвертого энергоблоков (турбогенераторов). Третья фаза будет включать замену первого и третьего энергоблоков (EFSD, 2015).

Основные проблемы

- Токтогульское водохранилище было введено в эксплуатацию в 1974 году; однако в течение длительного периода времени его нельзя было заполнить до максимального уровня. Его расчетный объем не превышал 5-6 млрд кубометров. Лишь спустя много лет, в августе 1998 года, объем воды в водохранилище был доведен до 19,5 млрд кубометров

- После распада Советского Союза изменение режима эксплуатации водохранилища – переход от подачи воды в основном для нужд сельского хозяйства к использованию воды в основном для выработки электроэнергии – привело к радикальному изменению экономического положения в бассейне реки Сырдарья. Изменение водного режима в реке вследствие интенсивного использования водных ресурсов для выработки электроэнергии привело к серьезным последствиям для бассейна реки Сырдарья, как в летний, так и в зимний периоды. Это привело к напряженным отношениям между фермерами в районах ниже по течению и производителями электроэнергии выше по течению. Фермерам в районах ниже по течению требуется больше воды на орошение в летние месяцы, в то время как в Кыргызстане больший объем воды сбрасывается в зимние месяцы, когда потребность в электроэнергии растет
- Межправительственные протоколы и соглашения относительно общего использования водных ресурсов и электроэнергии не в полной мере учитывают экологические проблемы водосборной территории. Объемы стока реки Сырдарья будут снижаться ниже минимальных уровней, зафиксированных за последние сто лет наблюдения. Кроме того, эти межправительственные протоколы и соглашения не являются строгими, и большинство из них претерпевают изменения ежегодно, поскольку соглашения между странами выполняются не в полном объеме. Эти соглашения в основном направлены на получение выгоды за счет обмена энергоресурсами и не учитывают вопросы обеспечения сбалансированного водопользования в течение длительного промежутка времени. Это может привести к быстрому срабатыванию объема Токтогульского водохранилища и огромным потерям в секторе энергетики и водопользования в странах бассейна.

Положительные внешние воздействия

- Токтогульское водохранилище представляет собой туристический объект в Кыргызстане
- В настоящее время на Токтогульском водохранилище ведется коммерческая ловля рыбы.

Отрицательные внешние воздействия

- Под Токтогульское водохранилище было выделено 28 400 гектаров, в том числе 12 000 гектаров пахотных земель, включая 10 700 гектаров орошаемых земель; 3 767 домохозяйств с подворьем было эвакуировано с затопливаемой территории. В связи с созданием водохранилища было переселено 26 сообществ (общин), а также были утрачены археологические площадки 8-го века н.э.
- В невегетационный сезон 1999-2000 года (с 24 сентября 1999 года по 14 февраля 2000 года) была прекращена подача природного газа энергетической системе Кыргызстана. В результате по причине чрезмерной нагрузки на ГЭС этого каскада сброс воды из Токтогульского водохранилища в этот период увеличился на 1,5 млрд кубометров по сравнению с тем же периодом 1998-1999 годов. Это повлекло за собой дополнительный сброс воды из Шардаринского водохранилища в Арнасайскую впадину (см. главу 2)

- Такой характер использования сброса из Токтогульского водохранилища с ориентаций на выработку электроэнергии вызвал серьезные проблемы для государств, расположенных ниже по течению реки. В летнее время они столкнулись с проблемой неадекватного объема подачи воды на орошение, а в зимнее время ирригационные каналы и речное русло замерзали и не могли обеспечить требуемого пропуска воды, что приводило к паводкам и заставляло направлять водоток в низменные места далее в западном направлении в сторону от Аральского моря. В результате образовалось озеро под названием Айдаркуль. Это лишь усугубило экологическую ситуацию в низовьях бассейна реки Сырдарья (Schmidt-Soltau, 2004).

Регулирование

Во времена Советского Союза потребности в водных ресурсах четырех республик (Казахстана, Кыргызстана, Таджикистана и Узбекистана) в бассейне реки Сырдарья обеспечивались за счет каскада водохранилищ на реке Нарын с приоритетным вниманием орошаемому сельскому хозяйству (CAWATER, 2016b). После распада Советского Союза противоречивые экономические приоритеты независимых стран привели к столкновению интересов при составлении графиков сброса воды из Токтогульского водохранилища. По этой причине начиная с 1993 года в Токтогульском каскаде водохранилищ стали использовать графики сброса воды с резким ростом объема аккумулирования воды в водохранилищах в летние месяцы и сбросом в зимние месяцы для выработки электроэнергии в Кыргызстане, когда спрос на электроэнергию в стране наиболее высокий.

К 1990 году система управления водными ресурсами в бассейне реки Сырдарья была организована в соответствии с расчетным режимом водопользования. Водоток в бассейне регулируется с помощью нескольких крупных водохранилищ многолетнего и сезонного регулирования стока: Кайраккумское, Шардаринское, Андижанское и Чарвакское водохранилища используются для подачи воды на орошение в республиках Центральной Азии (Antipova et al., 2002).

Для обеспечения растущих потребностей Кыргызстана в получении энергоресурсов, а также потребностей в воде Казахстана и Узбекистана в летнее время, было принято решение, включающее взаимные обязательства этих стран, которые были оговорены в соглашении об обмене топливом и энергией. Рабочая экспертная группа, в которую входят представители органов по управлению водными ресурсами и гидроэнергетики Узбекистана, Казахстана и Кыргызстана, разработали комплексный план использования водных и энергетических ресурсов реки Сырдарья на основе следующих принципов взаимной компенсации:

- Электроэнергия, вырабатываемая на Нарынском каскаде ГЭС Кыргызстана с превышением национальных потребностей в летний период, будет закупаться в равных частях Узбекистаном и Казахстаном
- Компенсация за это количество электроэнергии будет обеспечиваться путем эквивалентной поставки электроэнергии и топлива (угля, газа и т.д.) для обеспечения потребностей Кыргызстана в зимний период.
- Протоколы и соглашения относительно такого принципа ежегодно подписываются с 1995 года. Таджикистан присоединился к этому соглашению 17 июня 1998 года.

Планы на будущее

В настоящее время осуществляется процесс модернизации гидроэлектростанции (ГЭС) на Токтогульском водохранилище. В 2015 году электростанции Кыргызстана участвовали в тендере по замене электрических компонентов, вспомогательных узлов и контрольно-измерительных приборов по программе модернизации в рамках гидроэлектрического проекта Токтогульского водохранилища на реке Нарын в Кыргызстане, мощностью 1 200 МВт (HydroWorld, 2016).

6.13. Озеро Тиса (водохранилище Кишкёре), бассейн реки Дунай, Венгрия

Собственники, в том числе владельцы активов

- Собственником водохранилища (озера) является правительство Венгрии
- Собственником электростанции Кишкёре является компания *Tiszavíz Hydro Power Plants Ltd.*

Физические характеристики

- Объем: 228,6 млн кубометров
- Площадь поверхности: 119 км^2
- Время пребывания воды: 1,4 %
- Общий объем возобновляемых водных ресурсов страны на душу населения: 608 м^3 на жителя в год
- Климатические условия: влажные субтропики
- Трансграничные водопользователи: Украина и Румыния (вверх по течению), Сербия (вниз по течению)
- Крупнейшее искусственное озеро и крупнейшая плотина в Венгрии (Wikipedia, 2016u).

Основные виды водопользования

Орошение, выработка электроэнергии, контроль за паводками и снижение воздействия засухи.

Орошение

Обеспечивает поддержку мероприятий по орошению в долине реки Тиса.

Выработка электроэнергии

Плотина обеспечивает возможности для выработки электроэнергии в объеме 28 МВт. Плотина включает 4 турбины мощностью 7 МВт каждая.

Контроль за паводками

Водохранилище обеспечивает проведение противопаводковых мероприятий благодаря приему паводковых вод, поступающих из районов вверх по течению (Chave, 2001).

Другое

Водохранилище представляет собой крупный рекреационный объект в Венгрии. Здесь имеется судоходный шлюз для судоходства.

Предоставляемые товары и услуги

Орошение, гидроэнергетика, контроль за паводками, рекреация, судоходство.

Заинтересованные стороны

Правительство

- Министерство охраны окружающей среды и водных ресурсов
- Национальный центр исследования водных ресурсов
- Генеральная инспекция охраны окружающей среды и водных ресурсов
- Министерство сельского хозяйства и развития сельских территорий.

Основные пользователи

- Фермеры
- Домашние хозяйства
- Туристы.

Другие

- Энергетическая компания Tiszavíz Hydro Power Plants Ltd.
- Академические учреждения.

Краткая история

Озеро Тиса было создано в 1973 году как часть Проекта по контролю за паводками в долине реки Тиса. Озеро было полностью заполнено в 1990-х годах. Первоначальное название водохранилища – Кишкёре, которое было переименовано в озеро Тиса правительством Венгрии в рамках стратегии улучшения условий для рекреации и туризма в районе водохранилища (Wikipedia, 2016v).

Бизнес-модель финансирования МЦВИ, включая возмещение затрат

В 1992 году электрическая компания Венгрии была разделена на два уровня. Верхний уровень контролируется правительством Венгрии и принадлежит электрической компании *Magyar Villamos Müvek Reszvenytarsag (MVM)*, которая отвечает за «финансовые потоки, связанные с товарами и услугами в электроэнергетике» (GENI, 2016). MVM закупает электроэнергию у индивидуальных предприятий (образующих второй уровень) и продает его распределяющим компаниям. Компания *Tiszavíz Hydro Power Plants Ltd* является одним из таких предприятий и является собственником гидроэлектростанции на реке Тиса. В целом производство гидроэлектроэнергии составляет очень малую долю от всего объема выработки электроэнергии в стране.

Основные проблемы

- Вверх по течению от водохранилища имело место серьезное загрязнение цианидом и тяжелыми металлами в результате прорыва хранилища с цианидом в Румынии.
- Озеру Тиса угрожает проблема эвтрофикации.
- В озере регистрируется мутность по причине малой глубины, что препятствует развитию туризма.

Положительные внешние воздействия

- Водохранилище служит экономическим заместителем озера Балатон – главного туристического объекта страны. Правительство объявило озеро Тиса официальным туристическим направлением в Венгрии
- Водохранилище служит повышению уровня экологического образования и является объектом туризма: крупнейший в Европе аквариум пресной воды "Экоцентр озеро Тиса" расположен на берегу озера и постоянно подпитывается водами озера объемом 535 000 л (Tisza-tavi Okocentrum, 2016)
- Водохранилище способствовало увеличению биоразнообразия. В восточной части озера расположен Птичий заповедник на озере Тиса, где можно увидеть более 200 видов птиц (FuniQ, 2016).

Отрицательные внешние воздействия

Тенденция к эвтрофикации озера и повышению мутности воды.

Регулирование

Озеро Тиса имеет режим трансграничного речного бассейна, преобладающего в бассейне реки Тиса. Этот режим позволяет решать значительные экономические и социальные проблемы в данном бассейне:

- Избыток и нехватка воды
- Оползни
- Диффузия опасных загрязняющих веществ
- Потенциал для экономического развития
- Устойчивый потенциал для развития сельского хозяйства.

Во время загрязнения цианидом, имевшего место в верхнем течении, была использована защитная мера: водохранилище было закрыто, и уровень воды в водохранилище Кишкёре был повышен до попадания в него загрязняющих веществ из реки Тиса. Шлюзы на плотине были открыты, когда загрязняющие вещества достигли озера с тем, чтобы исключить загрязнение озера цианидами (Szabó et al., 2005).

Планы на будущее

Проект под названием Реконструкция дамбы Кишкёре (Kiskörei Vízlépcső Rekonstrukciója) рассчитан на период с 2014 по 2020 годы. Общая стоимость проекта составляет 8,2 млрд евро.

Данный проект нацелен на выполнение ряда мероприятий в отношении водохранилища и плотины Кишкёре, в том числе:

- Модернизация дамбы, судоходных шлюзов и плотины
- Реконструкция системы энергоснабжения
- Модернизация портальных кранов
- Модернизация контрольно-измерительных приборов
- Углубление дна водохранилища (Lovas, 2013).

6.14. Озеро Аргайл, бассейн реки Орд, Австралия

Собственники, в том числе владельцы активов

- Правительство Западной Австралии является собственником активов
- Управление гидроэлектростанцией осуществляет компания *Pacific Hydro Pty Ltd.*

Физические характеристики

- Объем: 10 800 млн кубометров
- Площадь поверхности: 829,2 км^2
- Время пребывания воды: 143,7%
- Общий объем возобновляемых водных ресурсов страны на душу населения: 20 527 м^3 на жителя в год
- Климатические условия: тропические влажные и засушливые
- Трансграничные водопользователи: нет
- Озеро Аргайл является крупнейшим в штате Западная Австралия и вторым по объему водохранилищем пресной воды в стране (Wikipedia, 2016w).

Основные виды водопользования

Орошение, выработка электроэнергии.

Орошение

Озеро Аргайл – это одно из двух крупнейших водохранилищ системы орошения на реке Орд. В настоящее время площадь орошения составляет приблизительно 12 500 га.

Гидроэнергетика

Гидроэлектростанция на озере Аргайл обеспечивает подачу электричества в Кунунарру, Уиндхем и шахту по добыче алмазов Аргайл. На плотине установлено 2 турбины *Francis* мощностью 7,5 МВт. Ежегодная выработка электроэнергии составляет 220 ГВт·ч (Lake Argyle (Озеро Аргайл), 2016b).

Другое

Озеро Аргайл также используется для рыбного промысла и рекреации.

Предоставляемые товары и услуги

Орошение, гидроэнергетика, рыболовство, рекреация.

Заинтересованные стороны

- Правительство
- Правительство Австралийского Союза
- Правительство штата Западная Австралия, включая Департамент водных ресурсов, Комиссию по планированию штата Западная Австралия и управление по охране окружающей среды штата Западная Австралия.

Основные пользователи

- Фермеры
- Рыболовы
- Население в районах ниже по течению.

Другие

- Компания *Pacific Hydro Pvt. Ltd.*
- Туристы и туристические агентства
- Научно-исследовательские учреждения
- Организация по Рамсарским угодьям.

Краткая история

Идея сооружения плотин на реке Орд впервые упоминается более 100 лет назад председателем Комиссии по тропическому сельскому хозяйству Австралии. В 1941 году были инициированы работы по созданию исследовательской станции *Carlton Reach* (экспериментальной станции на реке Орд) с целью изучения возможностей для орошения в регионе. Получение положительных результатов позволило принять решение о строительстве водозаборной плотины Кунунарра для орошения равнины Айвенго. Строительные работы на водозаборной плотине Кунунарра были начаты в конце 1960 года; сдача сооружения состоялась в 1963 году. В 1967 году были выделены гранты на строительство плотины на реке Орд. Строительство было начато в 1969 году американской корпорацией *Dravo Corporation*; официальное открытие плотины состоялось в 1972 году. В 1996 году высота водосброса была увеличена на 6 м с целью увеличения мощности плотины.

Бизнес-модель финансирования МЦВИ, включая возмещение затрат

Строительство плотины на реке Орд финансировало правительство Австралийского Союза; финансирование составило 22 млн долл. в 1967 году. Эксплуатацией и управлением работ по сбросу воды и дренажу занимается кооператив реки Орд *Ord River Cooperative* (*OIC*). По данным *OIC*, в настоящее время тарифы на воду составляют:

- Налог на активы OIAMC: 63,22 долл. США/га
- Фиксированный налог: 165,00 долл. США/га
- Плата за фактический объем потребления воды: 6,00 долл. США/Мл
- Дополнительная плата за подачу воды насосами: 0,50 центов долл. США/Мл.

Основные проблемы

- Озеро Аргайл остается наименее используемым водохранилищем в стране с точки зрения водоснабжения и воды для орошения
- Необходимо учитывать множество факторов, касающихся стратегии распределения воды (вододеления) с целью расширения таких направлений использованияя озера Аргайл, как выращивание аквакультуры, рекреация и туризм
- Полная реализация потенциала озера в плане обеспечения товаров и услуг в районе озера Аргайл.

Положительные внешние воздействия

- Переход от использования дизельного топлива на гидроэлектроэнергию после ввода в эксплуатацию водохранилища Аргайл позволило сократить потребление дизельного топлива почти на 60 млн литров в год в Ист-Кимберли
- Новая экосистема, созданная после заполнения озера Аргайл, привела к созданию крупнейшего водохранилища пресной воды в Австралии. Это привело к образованию уникальной экосистемы с большим разнообразием видов рыбы, птиц, млекопитающих и других (Lake Argyle, 2016c)
- Озеро Аргайл используется для проведения исследований и изучения погоды и качества вод, а также для изучения пресноводных крокодилов (Lake Argyle, 2016e)
- Озеро Аргайл является одним из наиболее привлекательных объектов для туризма и рекреации в Австралии
- Озеро Аргайл является признанным важным водно-болотным угодьем, включенным в Рамсарскую конвенцию; вместе с озером Кунунарра оно является Рамсарским угодьем.

Отрицательные внешние воздействия

- Озеро Аргайл остается наименее используемым водохранилищем в стране с точки зрения его использования людьми.
- Отрицательное воздействие на экосистему.

Регулирование

Управление и регулирование водохранилищем осуществляются в рамках Плана управления реки Орд Департамента водных ресурсов правительства штата Западная Австралия. Согласно этому плану управление водами реки Орд осуществляется по таким направлениям:

- Защита речной среды в нижнем течении реки Орд
- Выработка электроэнергии на плотине реки Орд
- Выработка электроэнергии на водозаборной плотине Кунунарра
- Разведение рыбы на водозаборной плотине Кунунарра
- Устойчивое водоотведение из озера Кунунарра в озеро Таррара
- Устойчивое водоотведение ниже по течению от плотины Хаус-руф-хилл (House Roof Hill) (Government of Western Australia (Правительство штата Западная Австралия), 2006).

В 1994 году высота плотины озера Аргайл на реке Орд была увеличена на 6 м, что позволило увеличить объем озера в два раза и снизить угрозу заиливания водохранилища (Dixon and Palmer, 2010).

Планы на будущее

Правительство штата и федеральное правительство Австралии профинансировали работы по расширению схемы орошения на реке Орд. Эти меры нацелены на расширение орошаемых сельскохозяйственных земель с 12 500 га до 45 000 га после строительства второго главного ирригационного канала (Lake Argyle, 2016f).

В 2010 году правительство штата Западная Австралия выделило 322,5 млн долл. для проекта на реке Орд, фаза 2. Эта фаза включала строительство основной инфраструктуры для высвобождения 13 400 га земель под орошаемое сельское хозяйство (Australian Government (правительство Австралии), 2016).

Департамент планирования Комиссии по планированию штата Западная Австралия предложил план развития озера Аргайл как специально управляемой территории. Это потребует определения и расширения будущих возможностей развития озера Аргайл. Основными аспектами данного предложения являются расширение условий для туризма, оценка возможностей для развития аквакультуры и потенциала для рекреации (Anon, 2016c).

6.15. Озеро Мид (плотина Гувера) на реке Колорадо, США

Собственники, в том числе владельцы активов

Управление мелиорации Соединенных Штатов

Физические характеристики

- Объем: 36 700 млн кубометров
- Площадь поверхности: 581 км^2
- Время пребывания воды: 283,5 %

- Общий объем возобновляемых водных ресурсов страны на душу населения: 8 758 м³ на жителя в год
- Климатические условия: засушливые
- Трансграничные водопользователи: отсутствуют.

Озеро Мид является крупнейшим по объему водохранилищем в Соединенных Штатах.

Основные виды водопользования

Орошение, выработка электроэнергии, контроль за паводками и смягчение воздействия засухи.

Орошение

Озеро Мид обеспечивает аккумулирование годового стока реки Колорадо и водоснабжение для орошения 400 000 га земель в южной Калифорнии и юго-западной и центральной Аризоне. Эти орошаемые территории включают долины Пало-Верде, Юма, Империал и Коачелла.

Гидроэнергетика

Здесь имеется 17 генераторных установок. Максимальная установленная мощность по выработке электроэнергии составляет 2 080 МВт. Годовая выработка электроэнергии на плотине Гувера колеблется от 10,35 ТВт·ч в 1984 году до 2,65 ТВт·ч в 1956 году. За 1947-2008 годы средний объем выработки электроэнергии на плотине составил 4,2 ТВт·ч в год. В 2015 году выработка электроэнергии составила 3,6 ТВт·ч (Wikipedia, 2016y).

Контроль за паводками

Основное назначение плотины – предупреждение угрозы ежегодных паводков и нанесение ущерба плодородным районам ниже по течению от плотины путем регулирования стока реки Колорадо (Power Authority, 2012).

Другое

Озеро Мид обеспечивает подачу воды для 20 миллионов жителей в штате Аризона, Невада и Калифорния. Верхняя часть плотины представляет собой мост через реку Колорадо. Здесь имеется две полосы движения (магистраль № 93 США) для автомобильного транспорта.

Предоставляемые товары и услуги

Контроль за паводками (основная задача), подача воды на орошение, гидроэнергетика, питьевое водоснабжение, судоходство.

Заинтересованные стороны

Правительство

- Федеральное правительство и федеральные учреждения
- Учреждения штата.

Основные пользователи

- Домашние хозяйства
- Фермеры
- Промышленные предприятия
- Коренные жители Америки.

Другие

- Туристы
- Научно-исследовательские учреждения.

Краткая история

Примерно с 1900 года проводились исследования в Черном каньоне (где расположена плотина) и находящемся рядом каньоне Боулдер для определения возможностей использования плотины для управления паводками, для подачи воды для орошения и выработки гидроэлектроэнергии. В 1922 году Управление мелиорации представило отчет для строительства плотины на реке Колорадо для контроля за паводками и выработки электроэнергии. Американский конгресс утвердил окончательный вариант проекта в 1928 году. Плотина Гувера была построена в период депрессии для обеспечения занятости населения. Строительство плотины было начато в 1931 году. Учитывая масштабы проекта, победителем тендера на строительство плотины был выбран консорциум под названием *Six Companies, Inc*. Значительные сложности были связаны с тяжелыми погодными условиями в летний период и отсутствие необходимой инфраструктуры в районе объекта.

Плотина и гидроэлектростанция были завершены строительством в 1936 году, на два года раньше запланированного срока с фактическим затратами на 15 млн. долларов США ниже планового бюджета. Передача плотины федеральному правительству состоялась 1 марта 1936 года.

Большая часть воды подается в водохранилище за счет таяния снега в Скалистых горах Колорадо, Вайоминга и Юты. Поступление воды в водохранилище регулируется из другого водохранилища выше по течению – от плотины каньона Глен, что необходимо для регулирования потребностей воды в водохранилище Мид. Управление водами реки Колорадо осуществляют семь штатов, которые находятся в бассейне реки Колорадо. В последние годы отмечается снижения уровня воды в водохранилище до исторически наиболее низких уровней (см. рисунок 6.4).

Рисунок 6.4. **Вид на водохранилище выше плотины Гувера, сентябрь 2016 года**

Источник: © BRAATHEN Nils Axel, ОЭСР.

Бизнес-модель финансирования МЦВИ, включая возмещение затрат

10 января 1931 года Управление мелиорации выпустило тендерные документы по цене пять долл. США за копию. В рамках контракта правительство представило материалы, а подрядчик подготовил площадку и обеспечил строительство плотины. Период проектирования плотины составил 10 лет и подрядчики были обязаны выполнить все требования и детальные спецификации проекта. В рамках тендера был выпущен заем в размере 2 млн долл. США; победитель тендера должен был представить гарантию выполнения обязательств в размере 5 млн долл. США. Условия предусматривали применение штрафных санкций, если срок строительства превышал предусмотренные в заявке семь лет. Для обеспечения надзора за выполнением проектных и инженерных аспектов проекта в 1928 году Конгресс назначил совет инженеров-консультантов для консультирования Управления мелиорации.

Строительство плотины по состоянию на 1931 год было оценено в 49 млн долл. США. В 1934 году Конгресс утвердил контракт, рассчитанный на 50 лет (с 1937 по 1987 годы), по продаже электроэнергии. Возмещение затрат планировалось обеспечить за 50 лет за счет продажи электроэнергии, вырабатываемой на ГЭС плотины. Это привело к принятию законодательства, в соответствии с которым цена на электроэнергию в течение 50 лет должна была определяться министром внутренних дел. Эти доходы также использовались для финансирования многомиллионного годового бюджета на содержание сооружений. Было предложено следующая схема распределения электроэнергии между Городским водным районом (36%), городом Лос-Анджелес (13%), Компанией *Edison* южной Калифорнии (9%), и штатами Невада и Аризона (по 18%); общая сумма контракта превышала 327 млн долл. США. В 1984 году Конгресс принял новый закон о распределении вырабатываемой электроэнергии на плотине на период с 1987 по 2017 годы.

Первоначально гидроэлектростанцией управлял Департамент водных и энергетических ресурсов Лос-Анджелеса и компанией *Edison* южной Калифорнии, однако в 1987 году этот контроль перешел к Управлению мелиорации. В 2011 году Конгресс продлил срок действия контрактов до 2067 года, оговорив, что 5% электроэнергии, вырабатываемой на плотине Гувера, будет продаваться коренным жителям Америки, электроэнергетическим кооперативам и другим структурам.

Основные проблемы

- Судебные тяжбы между штатами, которые относятся к бассейну реки Колорадо
- Озабоченность, вызванная тем, что проектные и инженерные аспекты проекта аналогичны таковым аспектам плотины Сент-Фрэнсис, которая разрушилась в 1928 году
- Поддержка строительных работ в Черном каньоне, расположенном в удаленном районе с тяжелыми климатическими условиями, что затрудняло обеспечение жилья, питания и общего ухода для работников, а также условия подвозки оборудования, подачи воды и электроэнергии. Вопросы безопасности и охраны здоровья для строителей в Черном каньоне, что усугублялось большим числом работ, которые необходимо было вести параллельно
- Обеспечение прибыльности проекта с учетом неопределенности в плане наличия покупателей генерируемой электроэнергии. Определение мощности гидроэлектростанции для обеспечения конкурентоспособности проекта с другими источниками электроэнергии и его привлекательности для потенциальных покупателей, обеспечивая в то же время получение доходов правительством
- Распределение водных и энергетических ресурсов между семью штатами бассейна реки Колорадо и другими потенциальными покупателями
- Необычно большие масштабы проекта и другие параметры делали проект невозможным для отдельно взятых строительных компаний. Очень высокая стоимость участия в тендере и гарантия выполнения обязательств со стороны правительства означало, что отдельно взятые компании вряд ли могли участвовать в тендере. Одной из причин была высокая гарантия выполнения обязательств в размере 5 млн долл. США, что привело к созданию консорциума Six Companies, Inc. (Kwak et al., 2014)
- Высокий спрос на воду и длительная многолетная засуха привели к тому, что уровни воды в озере Мид стали чрезвычайно низкими. Это привело к закрытию основных туристических точек на озере Мид
- Снижение пропусков воды на сельскохозяйственные нужды в результате уменьшения объема озера Мид может угрожать дельте реки Колорадо (Jiang et al., 2015).

Положительные внешние воздействия

- Строительство плотины Гувера обеспечило 5 000 рабочих мест в условиях Великой депрессии (U.S. Department of the Interior (Министерство внутренних дел США), 2000)
- Территория для рекреации на озере Мид обеспечивает более трети доходов от туризма и экономической деятельности в бассейне реки Колорадо с учетом ее близкого расположения от крупной метрополии Лас-Вегаса. Более 123 местных малых предприятий зависят от сектора отдыха в районе озера Мид, а также обеспечивают 3 000 рабочих мест
- Плотина Гувера является популярным местом для туристов: ежегодно сюда приезжает почти миллион туристов. Озеро Мид обеспечивает различные виды отдыха для местных жителей и приезжих. Наиболее популярным видом отдыха является лодочный спорт. Кроме того, предлагаются услуги по ловле рыбы, катанию на водных лыжах, плаванию и купанию.

Отрицательные внешние воздействия

- Изменения водотока после строительства и ввода в эксплуатацию плотины Гувера оказало сильное воздействие на дельту реки Колорадо
- Строительство плотины привело к ухудшению экосистемы в эстуарии реки. В течение шести лет после завершения строительства плотины, в период заполнения озера Мид, вода фактически не доходила до устья реки
- Эстуарий дельты реки, где зона смешивания пресной и соленой воды простилалась ранее на 40 миль (64 км) к югу от устья реки, превратился в эстуарий, где уровень содержания соли в воде оказался более высоким вблизи устья реки
- На реке Колорадо до строительства плотины Гувера имели место естественные паводки. Строительство плотины привело к исчезновению таких паводков, что стало угрозой для многих видов, адаптировавшихся к паводкам, в том числе для растений и животных
- Строительство водохранилища привело к уничтожению популяций местных видов рыб ниже по течению реки от плотины. Четыре виды рыб, характерных для реки Колорадо, внесены в список угрожаемых видов: голавль, щука малая, голавль-горбун и сельдяной полосатик
- После строительства плотины Гувера уровень грунтовых вод понизился вследствие понижения дна реки Колорадо.

Регулирование

Договор о реки Колорадо 1922 года действует как соглашение между семью штатами юго-запада США в бассейне реки Колорадо и регулирует права на водные ресурсы этой реки (Wikipedia, 2016x). В соответствии с Договором весь бассейн делится на две зоны – Верхняя территория (включая штаты Колорадо, Нью-Мексико, Юта и Вайоминг) и Нижняя территория (включая штаты Невада, Аризона и Калифорния). Оба региона должны были обеспечить подачу одинакового объема воды в реку в зависимости от характера выпадения осадков до заключения договора. С тех пор погодные тенденции здесь изменились, и в регионе отмечались постоянные засухи, что привело к принятию руководящих документов в 2007 году. Эти документы разработаны для трех уровней нехватки воды в озере Мид – незначительная нехватка, серьезная нехватка и очень высокая нехватка – с учетом уровня воды в озере.

В 2012 году было подписано соглашение (Протокол 319) между Международной комиссией по границам и водным ресурсам Соединенных Штатов и Мексикой для определения порядка сброса воды в Мексику в годы с избыточным уровнем воды и в засушливые годы.

Планы на будущее

Изменение климата и сокращение объема стока в реке привели к понижению уровня водохранилища. В 2017 году будут введены в эксплуатацию пять турбин с широкой головной частью для обеспечения эффективной работы в условиях снижения водотока. Это позволит понизить минимально необходимый уровень подъема с 1 050 до 950 футов (с 320 до 290 м).

Ссылки

ADB (2015), Regional Power Transmission Project (RRP TAJ 43150-02) – *Summary Sector Assessment: Energy* (Региональный проект передачи электроэнергии (RRP TAJ 43150-02) – обзор проведенной оценки сектора энергетики), Manila.

Aladin, N.V. and I.S. Plotnikov (1993), *Large saline lakes of former USSR: a summary review* (Крупные соленые озера бывшего СССР: обзор), Hydrologia, Vol. 267, pp. 1-12.

Albiac-Murillo, J. (2015), *Water Pricing Experiences and Innovations* (Опыт ценообразования на воду и инновации), Springer International Publishing, pp. 1-12.

ANDRITZ Hydro (2013), *HYDROMATRIX® Jebel Aulia – Sudan*, https://www.andritz.com/resource/blob/31694/d1218a9d68692d3f2522bb9be2b9f831/hy-hydromatrix-jebel-aulia-en-data.pdf (была доступна 18 августа 2016 года).

Anon (2016a), *Gariep Dam* (Плотина Гариеп), http://wis.orasecom.org/content/study/UNDP-GEF/InfrastructureCatalogue/Documents/Reservoirs/Gariep%20Dam.pdf (была доступна 16 августа 2016 года).

Anon (2016b), *The problem of water in Southern Africa and in particular the management of water in South Africa* (Проблема водных ресурсов в Южной Африке и, в частности, управление водными ресурсами в Южной Африке), www2.agroparistech.fr/IMG/pdf/Lustenberger_en_sr.pdf (была доступна 16 августа 2016 года).

Anon (2016c), *Lake Argyle Development Node* (Центр развития озера Аргайл), https://www.planning.wa.gov.au/dop_pub_pdf/kwadssec8.pdf (была доступна 11 августа 2016 года).

Antipova, E et al. (2002), *Optimization of Syr Darya water and energy uses* (Оптимизация использования водных и энергоресурсов реки Сырдарья). Water international, 27(4), pp. 504-516.

Attarzadeh, M.R. and J. Vatanfada (2011), *Iran and Turkmenistan: Lessons Learned from Transboundary Water Cooperation* (Иран и Туркменистан: уроки, извлеченные из трансграничного сотрудничества по водным ресурсам), www.unece.org/fileadmin/DAM/env/documents/2011/wat/Int._Conference/presentations/Session_5/1_Iran_Attarzadeh_Iran_Turkmenistan__lessons_learned_from_transboundary_water_cooperation_2011-dec.pdf (была доступна 22 августа 2016 года).

Australian Government (2016), *Lakes Argyle and Kununurra – Australian Ramsar Site No. 3* (Озера Аргайл и Кунунарра – Рамсарское угодье в Австралии, зона № 3), Department.

of the Environment and Energy, www.environment.gov.au/cgi-bin/wetlands/ramsardetails.pl?refcode=32 (была доступна 11 августа 2016 года).

Australian Government (2016), *Expansion of the Ord River irrigation scheme* (Расширение схемы орошения на реке Орд), Department of Industry, Innovation and Science, http://northernaustralia.gov.au/page/water/expansion-ord-river-irrigation-scheme (была доступна 12 августа 2016 года).

Awulachew, S.B. (2012), *The Nile River Basin: water, agriculture, governance and livelihoods* (Бассейн реки Нил: вода, сельское хозяйство, управление и получение доходов), Routledge.

Baboo, B. (1991), *State policies and people's response: Lessons from Hirakud Dam* (Государственная политика и ответ народа: уроки, извлеченные из плотины Хиракуд), Economic and Political Weekly, pp. 2373-2379.

Barbour, K.M. (1959), *Irrigation in the Sudan: its growth, distribution and potential extension.* Transactions and Papers, In: Transactions and Papers (Ирригация в Судане: ее рост, распределение и возможности для расширения. Сделки и документы) (Institute of British Geographers), No. 26, pp.243-263.

CA&CC Press AB (2016), *Tajikistan's Hydropower Resources* (Гидроэнергетические ресурсы Таджикистана), www.ca-c.org/journal/2003/journal_eng/cac-03/20.peteng.shtml (accessed 21 July 2016).

CAWATER (2016a), Library, www.cawater-info.net/library/ca_e.htm (была доступна 26 августа 2016 года).

CAWATER (2016a), Library, www.cawater-info.net/library/ca_e.htm (была доступна 26 августа 2016 года).

CAWATER (2016b), *Water resources use* (Пользование водными ресурсами), www.cawater-info.net/bk/water_land_resources_use/english/docs/water_res_use.html (была доступна 26 августа 2016 года).

Central Water Commission (2012), *National Register of Large Dams: A compilation of state-wise large dams in India by Central Water Commission* (Национальный регистр крупных плотин: реестр крупных государственных плотин Центральной комиссии по водным ресурсам).

Chave, P.A. (2001), *The EU water framework directive: an introduction* (Рамочная водная директива ЕС: введение), IWA publishing.

Choudhury, P., J. Sandbhor and P. Satapathy (2012), *Floods, fields and factories: Towards resolving conflicts around the Hirakud Dam* (Паводки, поля и заводы: к разрешению конфликтов вокруг плотины Хиракуд), Odisha State Resource Centre.

Degeorges, A. and B.K. Reilly (2006), *Dams and large scale irrigation on the Senegal River: impacts on man and the environment* (Плотины и широкомасштабная ирригация на реке Сенегал: влияние на человека и окружающую среду), In: International Journal of Environmental Studies, 63(5), pp.633-644.

Dixon, R.N.M. and D.W. Palmer (2010), *Lake Argyle sedimentation – 2006 survey* (Заиливание озера Аргайл, исследование 2006 г.), Department of Water, Salinity and Land Use Impacts Series, Report No. 42.

Dumont, H. J. (2009), *The Nile – Origin, environments, limnology and human use* (Нил: истоки, окружающая среда, лимнология и его использование человеком), Springer, New York, USA.

EBRD (2009), *Turkmenistan Country Profile* (Профиль страны Туркменистан), https://www.ebrd.com/downloads/legal/irc/countries/turkmenistan.pdf (accessed 22 August 2016).

EFSD (2015), *Toktogul HPP Rehabilitation in Kyrgyz Republic* (Модернизация ГЭС на Токтогульском водохранилище в Кыргызской Республике), https://efsd.eabr.org/en/projects/toktogul-hpp-rehabilitation-in-kyrgyz-republic/ (accessed 18 December 2017).

EzEldin, M.A.M. et al. (2008), *Engineering Geological Assessment of Sandstone Rock from Jebel Aulia New Hydroelectric Power Plant Site, Jebel Aulia Dam, Sudan* (Инженерно-геологическая оценка песчаных пород новой гидроэлектростанции Джебель Аулия, плотина Джебель Аулия, Судан), In: Journal of Engineering and Applied Sciences, Vol. 3, No. 3, pp.109-117.

Faisal, J. (2012), *Comparison of Electricity Supply and Tariff Rates in South Asian Countries, Energy Forum of Sri-Lanka* (Сравнение электроснабжения и тарифных ставок на электричество в странах Южной Азии, Энергетический форум в Шри-Ланке), www.efsl.lk/reports/electricity_supply_south_asian_countries.pdf (была доступна 19 августа 2016 года).

FAO (1994), *Reservoir Fisheries Resources of India: Orissa* (Запасы рыбы в водохранилищах Индии: штат Орисса), Food and Agriculture Organisation, Rome.

Fraval, P. et al. (2002), *The quest for integrated and sustainable water management in the Senegal River Valley* (Усилия по интеграции и устойчивому управлению водными ресурсами долины реки Сенегал), In: 5th Inter-Regional Conference on Environment and Water, ENVIROWATER, pp. 5-8.

Frida-Tolonen, F. (2014), *Promotion and Development of Tourism in Cameroon* (Развитие туризма в Камеруне), Laurea University of Applied Sciences.

FuniQ (2016), *Lake Tisza* (озеро Тиса), https://en.funiq.hu/816-lake-tisza (была доступна 19 августа 2016).

Gakusi, A., L. Delponte and S. Houetohossou (2015), *Fostering Regional Integration in Africa: Lessons from Manantali Energy Project* (Развитие региональной интеграции в Африке: уроки проекта по гидроэнергетике Манантали) (Mauritania, Mali & Senegal), In: JSS, 03(03), pp. 91-102.

GENI (2016), *Energy Overview of Hungary* (Энергетика Венгрии: обзор), www.geni.org/globalenergy/library/national_energy_grid/hungary/EnergyOverviewofHungary.shtml (была доступна 19 августа 2016 года).

GIBB & SMEC (2000), *Aral sea basin program, water & environmental management project component C: dam safety and reservoir management* (Программа для бассейна Аральского моря, компонент С проекта по управлению водными ресурсами и окружающей средой: безопасность плотин и управление водохранилищами), Kayrakkum dam, safety assessment report, www.cawater-info.net/bk/dam-safety/files/kayrakkum-dam-en.pdf, Tashkent.

Glantz, M.H. (2005), *Water, climate, and development issues in the Amu Darya Basin. Mitigation and Adaptation Strategies for Global Change* (Вода, климат и вопросы развития в бассейне реки Амурдарья. Стратегии ослабления и адаптации к мировым переменам), 10(1), pp. 23-50.

Government of Republic of Kazakhstan (2016), Постановление Правительства Республики Казахстан от 8 апреля 2016 года № 200 Об утверждении Генеральной схемы комплексного использования и охраны водных ресурсов [Decree of the Government of Kazakhstan as of 8 April 2016, No. 200 "On approval of the General Scheme for complex use and protection of water resources"], Government of Republic of Kazakhstan.

Government of Western Australia (2006), *Ord River Water Management Plan* (План управления водными ресурсами реки Орд), Water Resource Allocation Planning Series Report No. 15, Department of Water.

Gupta, R.P., G. Kawadia and S. Attari (2007), *Chambal Valley Development Project: Unequal Distribution of Gains* (Проект развития долины реки Чамбал: неравномерное распределение притока), Economic and Political Weekly, pp. 397-402.

Gupta, R.P. and G. Kawadia (2003), *Rainfall and Run-Off: Changing Trends in Gandhi Sagar Dam* (Осадки и водоток: изменение тенденций для плотины Ганди Сагар), Economic and Political Weekly, pp. 3457-3459.

Himanshu, T. (2010), *Why Gandhisagar is an Oxymoron? The strong case for reducing the FRL of the Chambal Dam* (Почему Ганди Сагар – оксюморон? Серьезные основания для снижения высокого уровня водохранилища на реке Чамбал), W.G.S., Dams, Rivers & People, https://sandrp.in/dams/The_strong_case_for_reducing_Water_Level_of_Gandhi_Sagar_Dam_Dec_2010.pdf (была доступна 18 мая 2017 г.).

HydroWorld (2016), *Kyrgyzstan seeks electrical components, instrumentation to refurbish 1200-MW Toktogul hydro project* (Кыргызстан в поисках электрических компонентов, инструмента для реализации гидроэлектрического проекта модернизации Токтогульской ГЭС мощностью 1 200 МВт), https://www.hydroworld.com/articles/2015/05/kyrgyzstan-seeks-electrical-components-instrumentation-to-refurbish-1-200-mw-toktogul-hydro-project.html (была доступна 23 августа 2016 года).

HydroWorld (2015), *ILF to service USD169 million modernization at Tajikistan's 126-MW Kayrakkum hydroelectric project* (ILF предоставит услуги консультирования по гидроэнергетическому проекту модернизации Кайраккумского водохранилища (мощностью 126 Мт) стоимостью 169 млн долл. США), https://www.hydroworld.com/articles/2015/12/ilf-to-service-us-169-million-modernization-at-tajikistan-s-126-mw-kayrakkum-hydroelectric-project.html (была доступна 25 августа 2016 года).

Inogate (2015), *A review of energy tariffs in inogate partner countries* (Обзор тарифов на электроэнергию и природный газ в странах-партнерах INOGATE),.

www.inogate.org/documents/A_Review_of_Energy_Tariffs_in_INOGATE_Partner_Countries.pdf (была доступна 23 августа 2016).

International Rivers Africa Program (2016), *A Case Study on the Manantali Dam Project (Mali, Mauritania, Senegal)* (Ситуационное исследование по проекту на плотине Манантали (Мали, Мавритания, Сенегал)), https://www.internationalrivers.org/resources/a-case-study-on-the-manantali-dam-project-mali-mauritania-senegal-2011 (была доступна 9 августа 2016 года).

International Rivers Africa Program (2010), *African Dams Briefing 2010* (Брифинг по плотинам Африки, 2010 год), Berkeley, USA.

Jain, S.K., P.K. Agarwal and V.P. Singh (2007), *Hydrology and water resources of India* (Гидрология и водные ресурсы Индии), Springer, Dordrecht.

Jiang, N. et al. (2015), *The Bathtub Ring. Shrinking Lake Mead: Impacts on Water Supply, Hydropower, Recreation and the Environment*. Getches-Wilkinson Center for Natural Resources, Energy, and the Environment, University of Colorado Law School (Инициатива по управлению рекой Колорадо. Уменьшение объема озера Мид: влияние на подачу воды, гидроэнергетику, рекреацию и окружающую среду. Центр Гетчеса-Уилкинсона по природным ресурсам, энергетике и окружающей среде. Школа права Колорадского университета), Colorado.

Kaya, I. (1998), *The Euphrates-Tigris basin: An overview and opportunities for cooperation under international law* (Бассейн рек Тигр и Ефрат: обзор и возможности для сотрудничества в рамках международного права), Arid Lands Newsletter 44.

Keshavarz, A. et al. (2005), *Water Allocation and Pricing in Agriculture of Iran* (Ценообразование и распределение водных ресурсов в секторе сельского хозяйства Ирана), https://www.nap.edu/read/11241/chapter/12 (была доступна 18 декабря 2017 года).

Khaitov, A.H. et al. (2013), *Fisheries and Aquaculture in the Tajikistan: review and policy framework* (Рыбное хозяйство и аквакультура в Таджикистане: обзор и политика), FAO Fisheries and Aquaculture Circular No. 1030/3, Ankara.

Kraak, E. (2012), *Central Asia's dam debacle* (Нарушение функционирования плотин в Центральной Азии), https://www.chinadialogue.net/article/4790-Central-Asia-s-dam-debacle (была доступна 14 июля 2016 года).

Kwak, Y. et al. (2014), *What can we learn from the Hoover Dam project that influenced modern project management?* (Уроки проекта по плотине Гувера: как проект повлиял на управление современными проектами?), International Journal of Project Management, 32(2), pp. 256-264.

Lake Argyle (2016a), *East Kimberley History* (Озеро Аргайл. История Ист-Кимберли), https://www.lakeargyle.com/history-statistics-environment/east-kimberley-history/ (была доступна 12 августа 2016 года).

Lake Argyle (2016b), *Hydroelectricity at Lake Argyle* (Гидроэнергетика озера Аргайл), East Kimberley, https://www.lakeargyle.com/history-statistics-environment/hydroelectricity/ (была доступна 12 августа 2016 года).

Lake Argyle (2016c), *Lake Argyle Ecosystem* (Экосистема озера Аргайл), https://www.lakeargyle.com/history-statistics-environment/ecosystem/ (была доступна 12 августа 2016 года).

Lake Argyle (2016d), *Ord River Irrigation Scheme* (Озеро Аргайл. Схема орошения на реке Орд), https://www.lakeargyle.com/history-statistics-environment/ord-river-irrigation-scheme/ (была доступна 12 августа 2016 года).

Lake Argyle (2016e), *Scientific Freshwater Crocodile Research* (Озеро Оргайл. Научные исследования для изучения пресноводных крокодилов), https://www.lakeargyle.com/history-statistics-environment/scientific-research/ (была доступна 12 августа 2016 года).

Lake Argyle (2016f), *Ord Irrigation Scheme* (Схема орошения на реке Орд), https://www.lakeargyle.com/wp-content/uploads/2013/04/Lake-Argyle-Ord-Irrigation-Scheme.pdf (была доступна 12 августа 2016 года).

Lovas, A. (2013), *A Közép-Tisza-vidéki Vízügyi Igazgatóság kiemelt fejlesztési tervei az Európai Unió 2014-2020*, Szolnok.

Mail Online (2016), *Bomb us if you dare: ISIS militants holed up in Syria's largest dam* (Бомбите нас, если осмелитесь. ИГИЛ держит военнпленных на крупнейшей плотине в Сирии). www.dailymail.co.uk/news/article-3412205/Bomb-dare-Senior-ISIS-militants-holed-Syria-s-largest-dam-high-value-prisoners-knowing-air-strikes-unleash-apocalyptic-flood.html (была доступна 16 августа 2016 года).

Mandsaur (2016), *Places of Tourist Interest* (Места, представляющие туристический интерес), www.mandsaur.nic.in/tour.htm#GANDHI (была доступна 23 августа 2016 года).

MEHR (2016), *Iran, Turkmenistan "hail extension of bilateral trade"* (Иран, Туркменистан выступают за расширение двусторонней торговли), https://en.mehrnews.com/news/116393/Iran-Turkmenistan-hail-extension-of-bilateral-trade (была доступна 18 декабря 2017 года).

Mills, D.E. (2015), *Dividing the Nile: Egypt's Economic Nationalists in the Sudan 1918-56* (Раздел Нила: Египетские экономические националисты в Судане 1918-1956 гг.), Oxford University Press.

Ministry of Irrigation and Water Management of the Republic of Tajikistan, UNDP Office in the Republic of Tajikistan and Executive Committee of the International Fund for saving the Aral Sea (2006), *Water sector development strategy in Tajikistan*, Dushanbe. (Министерство ирригации и управления водными ресурсами Республики Таджикистан, офис ПРООН в Республике Таджикистан, Исполнительный комитет Международного фонда спасения Аральского моря (2006 год), Стратегия развития водного сектора в Таджикистане, Душанбе).

Nairizi, S. (2016), *Doosti Dam on shared river of Harirood: A Friendship Bridge Between Iran and Turkmenistan* (Плотина Дости – мост дружбы между Ираном и Туркменистаном), www.ais.unwater.org/ais/pluginfile.php/90/course/section/124/3.%20Nairizi%20Iran%20-Doossti%20DAM-Power%20point1.ppt (была доступна 22 августа 2016 года).

Nayak, A.K. (2010), *Big dams and protests in India: A study of Hirakud dam* (Крупные плотины и протесты в Индии: исследование плотины Хиракуд), Economic and Political Weekly, pp. 69-73.

Olaore, A. and G. Aja (2014), *The Impact of Flooding on the Social Determinants of Health in Nigeria: A Case for North-South Institutional Collaboration to Address Climate Issues* (Воздействие паводков на социальные детерминанты здоровья в Нигерии: пример сотрудничества учреждений Севера и Юга для решения вопросов климата), In: Developing Country Studies, 4(22), pp. 6-12.

Olsson, O. et al. (2008), *The role of the Amu Darya dams and reservoirs in future water supply in the Amu Darya basin*, In: Qi J. and K.T. Evered (eds.), Environmental Problems of Central Asia and their Economic, Social and Security Impacts. NATO Science for Peace and Security Series C: Environmental Security (Роль платин и водохранилищ на реке Амударья для водоснабжения в бассейне реки Амударья в будущем; Экологические проблемы Центральной Азии и их воздействие на экономику, общество и безопасность. НАТО Наука для мира и безопасности, Серии С: экологическая безопасность), pp. 277-292, Springer, Dordrecht.

Petr, T. (2003), *Fisheries in irrigation systems of arid Asia* (Рыболовство в системах орошения в засушливых районах Азии), FAO Fisheries Technical Paper No. 430, Rome.

Power Authority (2012), *Hoover Dam* (Плотина Гувера), www.powerauthority.org/about-us/history-of-hoover/ (была доступна 12 августа 2016 года).

Propastin, P. (2012), *Problems of Water Resources Management in the Drainage Basin of Lake Balkhash with Respect to Political Development, Climate Change and the Sustainable Use of Water Resources* (Проблемы управления водными ресурсами в дренажном бассейне озера Балхаш в отношении политического развития, изменения климата и устойчивого водопользования), pp. 449-461, Springer.

Rahi, K.A. and T. Halihan (2010), *Changes in the salinity of the Euphrates River system in Iraq* (Изменение уровня засоления системы реки Ефрат в Ираке). Regional Environmental Change, 10(1), pp. 27-35.

Rátz, T. and I. Vizi (2004), *The impacts of global climate change on water resources and tourism: the responses of Lake Balaton and Lake Tisza* (Влияние глобального изменения климата на водные ресурсы и туризм: рекреация на озере Балатон и озере Тиса), www.academia.edu/2660159/The_impacts_of_global_climate_change_on_water_resources_and_tourism_the_responses_of_Lake_Balaton_and_Lake_Tisza (была доступна 18 декабря 2017 года).

Roggeri, H. (2013), *Tropical freshwater wetlands: a guide to current knowledge and sustainable management* (Тропические низменные территории с пресной водой: современные знания и устойчивое развитие), Springer Science & Business Media.

Schmidt, R. et al. (2006), *Bankable feasibility Study for Rogun HEP Stage 1 construction completion in Tajikistan* (Технико-экономическое обоснование строительства стадии 1 ГЭС на плотине Рогун), In: Berga, L. et al. (eds.), Dams and Reservoirs, Societies and Environment in the 21st Century, pp. 405-413, London.

Schmidt-Soltau, D. (2004), *Water energy nexus in Central Asia: improving regional cooperation in the Syr Darya Basin* (Водная энергетика в Центральной Азии: улучшение регионального сотрудничества в бассейне реки Сырдарья), World Bank, Washington, DC.

Shahin, M. (2006), *Hydrology and water resources of Africa* (Гидрология и водные ресурсы Африки), Springer.

Simpson, D.W. and S.K. Negmatullaev (1981), *Induced seismicity at Nurek reservoir, Tadjikistan, USSR, Bulletin of the Seismological Society of America* (Наведенная сейсмичность в Нурекском водохранилище, Таджикистан, СССР, Бюллетень Сейсмологического общества Америки), 71(5), pp. 1561-1586.

Sinaei, V. (2011), *Hydropolitics and Human Security: Water Cooperation in Relations between Iran, Afghanistan and Turkmenistan, Iranian Review of Foreign Affairs* (Гидрополитика и безопасность человека: отношения между Ираном, Афганистаном и Туркменистаном в области сотрудничества в водном секторе), Vol. 2, No. 3, pp. 111-134.

SlideShare (2010), *Hoover Dam and the negative effects on environment* (Плотина Гувера и отрицательное воздействие на окружающую среду), www.slideshare.net/Lengkengs/hoover-dam-and-the-negative-effects-on-environment-4204612 (была доступна 12 августа 2016 года).

Soboleva, O.V. and U.A. Mamadaliev (1976), *The influence of the Nurek Reservoir on local earthquake activity* (Влияние Нурекского водохранилища на местную сейсмическую активность), Engineering Geology, 10(2-4), pp. 293-305.

SOGEM (2016), *Barrage de Manantali* (Плотина Манантали), www.sogem-omvs.org/barrage.html (была доступна 9 августа 2016 года).

Srivastava, H.N. et al. (1995), *Reservoir associated characteristics using deterministic chaos in Aswan, Nurek and Koyna reservoirs* (Связанные с водохранилищем характеристики с учетом детерминистического хаоса на плотине Асуан, Нурек и Коня), Pure and Applied Geophysics, Vol. 145, pp. 209-2017.

Starodubtsev, V.M. and V.A. Bogdanets (2011), *New deltas formation in large water reservoirs* (Новые дельты в крупных водоемах), https://www.researchgate.net/publication/265786125_NEW_DELTAS_FORMATION_IN_LARGE_WATER_RESERVOIRS.

Sudan Vision Daily.

Szabó, K. et al. (2005), *Epiphytic diatoms of the Tisza River, Kisköre Reservoir and some oxbows of the Tisza River after the cyanide and heavy metal pollution in 2000* (Эпифитные диатомеи реки Тиса после загрязнения цианидом и тяжелыми металлами в 2000 году), Acta Botanica Croatica, 64(1), pp.1-46.

Teasley, R.L. and D.C. McKinney (2011), *Calculating the benefits of transboundary river basin cooperation: Syr Darya Basin* (Расчет выгоды от трансграничного сотрудничества в речном бассейне), Journal of Water Resources Planning and Management, 137(6), pp. 481-490.

Tilmant, A. (2007), *Impacts of the south-eastern Anatolia Project in Turkey on the performance of the Tabqa dam and hydropower plant in Syria*, Proceedings of Symposium HS3006 at IUGG2007, Perugia, July 2007 (Воздействие проекта в юго-восточной Анатолии в Турции на функционирование плотины Табка и гидроэлектростанции в Сирии; Материалы симпозиума HS3006 в IUGG2007, Перуджа, июль 2007 года), Vol. 315, p. 1.

Times of India (2012), *Winged guests start arriving at Hirakud reservoir* (Крылатые гости начинают прибывать на озеро Хиракуд), https://timesofindia.indiatimes.com/home/environment/flora-fauna/Winged-guests-start-arriving-at-Hirakud-reservoir/articleshow/17570321.cms (была доступна 27 августа 2016 года).

Tisza-tavi Okocentrum (2016), *Ecocentre*, www.tiszataviokocentrum.hu/en/ (была доступна 19 августа 2016 года).

Toro, S.M. (1997), *Post-Construction Effects of the Cameroonian Lagdo Dam on the River Benue* (Влияние плотины Лагдо в Камеруне на реке Бенуэ), In: Water and Environment Journal, 11(2), pp.109-113.

UN Water (2013), *Kyrgyzstan: UN-Water Country Brief* (Кыргызстан: краткая характеристика водных ресурсов страны), www.unwater.org/publications/un-water-country-briefs-kyrgyzstan/.

U.S. Department of the Interior (2000), *Hoover Dam, Learning Packet* (Плотина Гувера. Документы для изучения), https://www.usbr.gov/lc/hooverdam/educate/hoovered.pdf (была доступна 12 августа 2016 года).

Vatanfada, J. and C. Mesgari (2014), *Doosti Dam Progress on Water Cooperation* (Достижения в области сотрудничества при эксплуатации плотины Дости), www.unece.org/fileadmin/DAM/env/documents/2014/WAT/04April_9-10_Geneva/presentations/2.3_Doosti_Dam-Iran_Vatanfada_Hajimesgari.pdf (была доступна 23 августа 2016 года).

Votrin, V. (2003), *Transboundary water disputes in Central Asia: using indicators of water conflict in identifying water conflict potential* (Трансграничные споры по воде в Центральной Азии: показатели конфликтов по воде в определении возможных таких конфликтов), Vrije Universiteit Brussel, Master's Thesis.

Wikipedia (2016a), *Gariep Dam* (Плотина Гариеп), https://en.wikipedia.org/wiki/Gariep_Dam (была доступна 16 августа 2016 года).

Wikipedia (2016b), *Jebel Aulia Dam* (Плотина Джебель Аулия), https://en.wikipedia.org/wiki/Jebel_Aulia_Dam (была доступна 18 августа 2016 года).

Wikipedia (2016c), *John Watson Gibson*, https://en.wikipedia.org/wiki/John_Watson_Gibson (была доступна 18 августа 2016 года).

Wikipedia (2016d), *Lagdo Reservoir* (Озеро Лагдо), https://en.wikipedia.org/wiki/Lagdo_Reservoir (была доступна 19 августа 2016 года).

Wikipedia (2016e), *Manantali Dam* (Плотина Манантали), https://en.wikipedia.org/wiki/Manantali_Dam (была доступна 19 августа 2016 года).

Wikipedia (2016f), *Lake Assad* (Озеро Асад), https://en.wikipedia.org/wiki/Lake_Assad (была доступна 16 августа 2016 года).

Wikipedia (2016g), *Tabqa Dam* (Плотина Табка), https://en.wikipedia.org/wiki/Tabqa_Dam#Project_history (была доступна 16 августа 2016 года).

Wikipedia (2016h), *Water resources management in Syria* (Управление водными ресурсами в Сирии), https://en.wikipedia.org/wiki/Water_resources_management_in_Syria (была доступна 16 августа 2016 года).

Wikipedia (2016i), Water supply and sanitation in Iraq (Водоснабжение и санитария в Ираке), https://en.wikipedia.org/wiki/Water_supply_and_sanitation_in_Iraq (была доступна 16 августа 2016 года).

Wikipedia (2016j), *Ganghi Sagar Dam* (Плотина Ганди Сагар), https://en.wikipedia.org/wiki/Gandhi_Sagar_Dam (была доступна 23 августа 2016 года).

Wikipedia (2016k), *Climate of India* (Климат в Индии), https://en.wikipedia.org/wiki/Climate_of_India (была доступна 23 августа 2016 года).

Wikipedia (2016l), *Gandhi Sagar Sanctuary* (Святыня Ганди Сагар), https://en.wikipedia.org/wiki/Gandhi_Sagar_Sanctuary (была доступна 23 августа 2016 года).

Wikipedia (2016m), *Hirakud Dam* (Плотина Хиракуд), https://en.wikipedia.org/wiki/Hirakud_Dam (была доступна 27 августа 2016 года).

Wikipedia (2016n), *Iran-Turkmenistan Friendship Dam* (Плотина ирано-туркменской дружбы), https://en.wikipedia.org/wiki/Iran–Turkmenistan_Friendship_Dam (была доступна 22 августа 2016 года).

Wikipedia (2016o), *Electricity pricing* (Ценообразование на электроэнергию), https://en.wikipedia.org/wiki/Electricity_pricing (была доступна 22 августа 2016 года).

Wikipedia (2016p), *Kapchagay Reservoir* (Капчагайское водохранилище), https://en.wikipedia.org/wiki/Kapchagay_Reservoir (была доступна 24 августа 2016 года).

Wikipedia (2016q), *Lake Balkhash* (Озеро Балхаш), https://ru.wikipedia.org/wiki/Балхаш# (была доступна 24 августа 2016 года).

Wikipedia (2016r), *Kayrakkum Reservoir* (Кайраккумское водохранилище), https://en.wikipedia.org/wiki/Kayrakkum_Reservoir (была доступна 25 августа 2016 года).

Wikipedia (2016s), *Nurek Dam* (Нурекское водохранилище), https://en.wikipedia.org/wiki/Nurek_Dam (была доступна 27 августа 2016 года).

Wikipedia (2016t), *Toktogul Dam* (Токтогульская плотина), https://en.wikipedia.org/wiki/Toktogul_Dam (была доступна 26 августа 2016 года).

Wikipedia (2016u), *Lake Tisza* (Озеро Тиса), https://en.wikipedia.org/wiki/Lake_Tisza (была доступна 19 августа 2016 года).

Wikipedia (2016v), *Tisza Dam* (Плотина Тиса), https://en.wikipedia.org/wiki/Tisza_Dam.

(была доступна 19 августа 2016 года).

Wikipedia (2016w), *Lake Argyle* (Озеро Аргайл), https://en.wikipedia.org/wiki/Lake_Argyle (была доступна 11 августа 2016 года).

Wikipedia (2016x), *Colorado River Compact* (Соглашение о реке Колорадо), https://en.wikipedia.org/wiki/Colorado_River_Compact (была доступна 12 августа 2016 года).

Wikipedia (2016y), *Hoover Dam (*Плотина Гувера), https://en.wikipedia.org/wiki/Hoover_Dam (была доступна 12 августа 2016 года).

Wikipedia (2016z), *Lake Mead* (Озеро Мид), https://en.wikipedia.org/wiki/Lake_Mead (была доступна 12 августа 2016 года).

World Commission on Dams (2000a), *Dams and Development: A New Framework for Decision-making: the Report of the World Commission on Dams* (Плотины и развитие: новые рамки для принятия решений: отчет Всемирной комиссии по плотинам), Earthscan Publications Ltd, London, www.internationalrivers.org/sites/default/files/attached-files/world_commission_on_dams_final_report.pdf.

World Commission on Dams (2000b), *Orange River Development Project, South Africa – Final Report* (Всемирная комиссия по плотинам. Проект развития Оранжевой реки, Южная Африка, Итоговый отчет), Cape Town.

Глава 7

Выводы и извлеченные уроки

В настоящей главе представлены четыре основных вывода, сделанных на основе рассмотренных примеров МЦВИ: положительные результаты, получаемые при создании водохранилищ, часто превосходят первоначальные ожидания от сооружения плотин, тогда как начальный капитал на строительство может быть получен от государства или через двусторонний кредит; в главе также затрагивается бизнес-модель, положительные и отрицательные внешние воздействия. И, наконец, в главе указан ряд проблем и вызовов, связанных с плотинами и водохранилищами, с которыми сталкиваются, прежде всего, развивающиеся страны.

Положительные результаты от создания водохранилищ превосходят ожидания

При сооружении плотин обычно учитываются одна или две цели, в то же время положительные результаты, получаемые при создании водохранилищ, обычно оказываются намного шире. Все водохранилища, представленные при анализе тематических примеров, были сооружены для выработки гидроэлектроэнергии и подачи воды на орошение (за исключением водохранилища на реке Тиса в Венгрии). Некоторые плотины (такие как Хиракуд в Индии, Гувера в США, Джебель Аулия в Судане) были сооружены в основном для контроля за паводками, в то же время они используются для выработки гидроэлектроэнергии и подачи воды на орошение. Водохранилища, созданные после сооружения этих плотин, стали использоваться для рыбоводства местным населением. Большинство таких водохранилищ также используются для организации отдыха для населения. Некоторые водохранилища (такие как Капчагайское водохранилище в Казахстане, водохранилище на реке Тиса в Венгрии, водохранилище на озера Мид в США) превратились в крупные туристические зоны, что способствовало развитию местной экономики. На многих водохранилищах развиваются собственные экосистемы, и они превратились в места обитания самых различных перелетных птиц либо способствуют разнообразию видов в дикой природе (напр., озеро Харикуд в Индии, Кайраккумское водохранилище в Таджикистане, озеро Аргайл). Некоторые водохранилища (такие как водохранилище на озере Асад и водохранилище Дости на ирано-туркменской границе) используются для водоснабжения соседних городов. Таким образом, помимо правительств, которые являются инвесторами и органами по управлению такими водохранилищами, другие стороны, заинтересованные в эксплуатации таких водохранилищ, включают электростанции, фермерские хозяйства, домашние хозяйства, туристов.

Начальный капитал на строительство – от государства или через займы

Начальный капитал на сооружение таких водохранилищ/плотин выделялся либо соответствующим правительством, либо через займы. Все плотины в регионе ВЕКЦА финансировались и строились правительством Советского Союза, в то время как сооружение большинства плотин в развивающихся странах обеспечивалось за счет инвестиций и займов других стран. Строительство платины Лагдо в Камеруне финансировалось правительством Китая. Строительство плотины на озере Манантали в Мали финансировалось 16 донорами, в том числе учреждениями по сотрудничеству в целях развития Германии и Франции, Африканским банком развития, Всемирным банком, Европейским инвестиционным банком, Канадой, Саудовской Аравией, Кувейтом и Программой развития Организации Объединенных Наций. Строительство плотины Джебель Аулия в Судане финансировалось Египтом. Строительство плотины на озере Асад в Сирии финансировалось за счет займа Советского Союза. Управление некоторыми гидроэлектростанциями осуществляют частные организации, в том числе многонациональные компании (так, например, компания Южной Африки управляет гидроэлектростанцией на плотине Манантали в Мали). С точки зрения возмещения затрат существуют четкие структуры сбора тарифных платежей за гидроэлектроэнергию, однако такие структуры не всегда определены для сбора платежей за воду на орошение.

Бизнес-модель не всегда учитывает все выгоды

Другие экономические преимущества, обеспечиваемые благодаря эксплуатации водохранилищ, которые обычно не включатся в исходные исследования, включают рыбные хозяйства и туристические компании, причем они не используются для возмещения затрат, что показывает некоторые слабые места в используемой бизнес-модели.

Многочисленные внешние воздействия, как положительные, так и отрицательные, в зависимости от контекста

Положительные внешние воздействия включают развитие рыбного хозяйства, туризма, повышение биоразнообразия, создание мест обитания перелетных птиц и защиту от паводков. Отрицательные внешние воздействия включают переселение жителей, затопление исторических мест и мест археологических раскопок, заиливание и распространение болезней.

Некоторые внешние воздействия для водохранилищ могут носить как отрицательный так и положительный характер в зависимости от контекста. Несмотря на то, что развитие плотин ведет к нарушению естественного водотока на реках и оказывает неблагоприятное воздействие на рыбное хозяйство ниже по течению, это дает новые возможности для развития рыбного хозяйства на территории водохранилища. В то время как сокращение водотока приводит к изменению экосистем в нижнем течении реки, водохранилища создают новые экосистемы вокруг себя. Водохранилища позволяют контролировать водоток ниже по течению, однако иногда значительный сброс воды из таких водохранилищ и отсутствие должной коммуникации приводит к паводкам и угрозе для жизни людей и объектов собственности ниже по течению. Данные некоторых исследований указывают на снижение сейсмической активности благодаря созданию водохранилищ (Кайраккумское водохранилище), данные других исследований указывают на противоположное воздействие (водохранилище на реке Нурек).

Некоторые водохранилища (такие как водохранилище Дости на ирано-туркменской границе и плотина Манантали в Мали, являющиеся собственностью нескольких государств (Мали, Мавритания и Сенегал) благодаря участию в акционерном капитале через трехстороннюю компанию по управлению энергетическим объектом на водохранилище Манантали) являются хорошим примером трансграничного сотрудничества в водохозяйственном секторе с участием нескольких правительств.

С другой стороны, имел место трансграничный конфликт после сооружения и пуска в эксплуатацию водохранилищ на озере Лагдо и озере Асад в Камеруне и Сирии, соответственно.

Водохранилища в странах ВЕКЦА, которые входили в состав Советского Союза, первоначально были предназначены для подачи воды на орошение сельскому хозяйству ниже по течению, а управление ими обеспечивал центральный орган. После распада Советского Союза страны, расположенные выше по течению, несмотря на наличие больших водных ресурсов, испытывали нехватку электроэнергии и вследствие этого изменили акцент в эксплуатации водохранилищ – перейдя от их использования преимущественно на орошение к использованию для выработки электроэнергии. Это привело к определенным конфликтам со странами, распложенными ниже по течению. Для решения этих конфликтов между соответствующими странами ВЕКЦА заключены многосторонние соглашения.

Проблемы и вызовы

В течение периода эксплуатации МЦВИ возникает целый ряд проблем. На начальной стадии имеют место социальные конфликты вследствие переселения местных жителей в районах возможного затопления. В развивающихся странах также существуют вопросы получения адекватного капитала для сооружения МЦВИ. Управление водохранилищами, включающими МЦВИ, зависит от подачи воды, что также зависит от системы управления площадью водосбора вверх по течению. Это иногда приводит к возникновению конфликтов между заинтересованными сторонами в районе вверх по течению и системой управления МЦВИ. Зачастую график сброса воды при выработке гидроэлектроэнергии и на орошение является не согласованным, что приводит к конфликтам между заинтересованными участниками в соответствующих секторах. В некоторых случаях неплановый сброс воды и отсутствие должной коммуникации приводит к подтоплению районов ниже по течению от МЦВИ.

Обычно не имеется четких механизмов возмещения затрат на эксплуатацию и управление такими плотинами, что отчасти обусловливает отсутствие должного управления такими объектами водохозяйственной инфраструктуры.

Библиография

Abbink, K., L.C. Moller and S. O'Hara (2005), *The Syr Darya River conflict: an experimental case study*, www.igier.unibocconi.it/files/documents/events/SyrDarya.pdf (была доступна 18 декабря 2017 года).

Adams, A. (2000), *The Senegal River: Flood management and the future of the valley*. International Institute for Environment and Development, Issue Paper/Drylands Program (93).

AFRODAD (2011), *Mapping Chinese development assistance in Africa: An analysis of the experiences of Cameroon*, African Forum and Network on Debt and Development, Harare, https://www.africaportal.org/publications/mapping-chinese-development-assistance-in-africa-an-analysis-of-the-experiences-of-ethiopia/.

allAfrica.com (2016), *Sudan: Rabak – "Largest Power Station in Sudan, Empty Hospital"*, http://allafrica.com/stories/201602090303.html.

Anon (2016), *Lake Argyle Development Node*, https://www.planning.wa.gov.au/dop_pub_pdf/kwadssec8.pdf (была доступна 11 августа 2016 года).

Branche, E. (2015), *Multipurpose Water Uses of Hydropower Reservoirs*, EDF-World Water Council, Marseille.

Cabestan, J.-P. (2015), *China-Cameroon relations: Fortunes and limits of an old political complicity*, South African Journal of International Affairs, Routledge, https://www.tandfonline.com/doi/full/10.1080/10220461.2015.1014930.

CAREC (2011), *Бассейновый План Интегрированного Управления Водными Ресурсами и Водосбережения Арало-Сырдарьинского Водохозяйственного Бассейна* [Basin Plan for Integrated Water Resources Management and Conservation of the Aral-Syr Darya Basin], CAREC, Kyzylorda.

Committee on Water Resources (2015), *Схема вариантов водоотведения в катастрофические по водности годы избыточных расходов в пески КЫЗЫЛКУМ* [Various Water Management Schemes in case of Surplus Water in Kyzylkum], Committee on Water Resources, Government of Kazakhstan. R.

Ellender, B.R., O.L.F. Weyl and H. Winker (2009), *Who uses the fishery resources in South Africa's largest impoundment?* Characterising subsistence and recreational fishing sectors on Lake Gariep, Water SA, 35(5), pp. 677-682.

FAO (2016), AQUASTAT – FAO's Information System on Water and Agriculture, www.fao.org/nr/water/aquastat/countries_regions/tjk/index.stm, Rome.

FAO (1994), *Status of fish stocks and fisheries of thirteen medium-sized African reservoirs: Cameroon*, Food and Agriculture Organisation, Rome, www.fao.org/docrep/005/v4110e/V4110E02.htm (была доступна 19 августа 2016 года).

GRanD Database (2016). www.gwsp.org/products/grand-database.html.

Hale, J. and D. Morgan (2010), *Ecological Character Description for the Lakes Argyle and Kununurra Ramsar Site*, Report to the Department of Sustainability, Environment, Water, Population and Communities, Canberra.

Heyns, P. (2003), *Water-resources management in Southern Africa*, http://collections.unu.edu/eserv/UNU:2428/nLib9280810774.pdf#page=16 (accessed 16 August 2016), In: Nakayama, M., International waters in Southern Africa, United Nations University, pp. 5-37.

Hopper, B. (2005), *Integrated River Basin Governance. Learning from International Experience*, IWA Publishing, London, Seattle.

Inan, Y. (2000), *The law of international water courses and the Middle East*, J. Intl. Aff., 5, p. 2.

Keshavarz, A. et al. (2005), *Water Conversation, Reuse, and Recycling*, Washington, DC: The National Academics Press, pp. 153-280.

Ministry of Environmental Protection of the People's Republic of China and CWR (2016), *Water-nomics of the Yangtze River Economic Belt*, China Water Risk, Hong Kong.

Mozafari M., E. Raeisi and M. Zare (2012), *Water leakage paths in the Doosti Dam, Turkmenistan and Iran*, Environmental Earth Science No. 65, pp. 103-117.

Normatov, I. (2003), T*he water balance and the solution of water problems in the Central Asian region*, International Association of Hydrological Sciences Publication 286, pp. 300-314.

OECD (2015), *OECD Principles on Water Governance*, OECD, Paris, www.oecd.org/cfe/regional-policy/OECD-Principles-on-Water-Governance.pdf.

OECD EAP Task Force (2013), *Improving the Use of Economic Instruments for Water Resource Management in Kyrgyzstan: The Case of Lake Issyk-Kul Basin*, OECD Publishing, Paris.

https://www.oecd.org/env/outreach/2013_Kyrgyz%20report%20on%20Eis%20for%20WRM%20Eng%20Web.pdf.

Ord Irrigation Cooperative Ltd, www.ordirrigation.com.au/.

President of the Republic of Kazakhstan (2016), *План нации – Путь к казахстанской мечте* [The Plan of the Nation – The Way to the Kazakh Dream], www.akorda.kz/ru/events/akorda_news/press_conferences/statya-glavy-gosudarstva-plan-nacii-put-k-kazahstanskoi-mechte.

President of the Republic of Kazakhstan (2014), State Program for Water Resources Management, approved by Presidential Decree #786, 4 April 2014.

Regional Center for Renewable Energy and Energy Efficiency (2016), *Latest Electricity Price Schemes in RCREEE Member States*, www.rcreee.org/content/latest-electricity-price-schemes-rcreee-member-states.

Sadoff, E.W. et al. (2016), *Securing Water, Sustaining Growth*: Report of the GWP/OECD Task Force on Water Security and Sustainable Growth, University of Oxford.

Sen, S. (2015), *Top 3 Methods of Irrigation (With Diagram)*, webpage, www.yourarticlelibrary.com/irrigation/top-3-methods-of-irrigation-with-diagram/60659/.

Starodubtsev, V.M. and S.R.Truskavetskiy (2011), *Desertification processes in the Ili River delta under anthropogenic pressure*, Water Resources, 38(2), pp. 253-256.

Приложение А

Глоссарий

Термины	Определение
Излишек производителей	Излишек производителей – это такая дополнительная выгода у производителей, когда цена, по которой они фактически продают свой товар, выше затрат на его производство.
Потребительский излишек (дополнительная выгода для потребителя)	Потребительский излишек – это такая дополнительная выгода для потребителей, когда цена, которую они фактически уплачивают, ниже цены, которую они готовы платить.
Участники рынка	В данном отчете: это производители, потребители и государство (публичная власть); при анализе влияния на другие сектора сюда добавляется также сектор энергетики
Экономическое благосостояние	Экономическое благосостояние – это благосостояние, выражаемое как сумма Излишка производителей и Потребительского излишка.

Источник: собственная разработка, основываясь на Economics Online (www.economicsonline.co.uk/) и собственное определение «участников рынка».

Приложение Б

Учреждения, которые посетили, и лица, с которыми состоялись встречи

Имя	Должность	Контактные данные
Астана		
Ажимбетов Арман Оразович	Заместитель председателя, Комитет по водным ресурсам, Министерство сельского хозяйства РК	P: 8 (717) 2374598 E: ao_lawyer@bk.ru
Кульжанбеков Ердос Турсынбекович	Главный эксперт, Комитет по водным ресурсам, Министерство сельского хозяйства РК	E: e.kulzhanbekov@msh.gov.kz
Садуова Назгуль	Начальник департамента, Комитет жилищного и коммунального хозяйства, Министерство национальной экономики РК	P: 8 (717) 2741815 E: na.saduova@economy.gov.kz E: 742775@mail.ru
Жадрина Сауле	Главный эксперт, Комитет жилищного и коммунального хозяйства, Министерство национальной экономикиРК	-
Южно-Казахстанская область		
Егенов Мейрбек	Директор, *Казводхоз*, Южно-Казахстанское отделение	ugvodhoz@mail.ru
БалпиковТолкын	Заместитель директора, *Казводхоз*	P: 8 (701) 7422528
Анзельм Карл Альбертович	Директор, Южно-Казахстанская гидрогеологическая и мелиоративная экспедиция, Комитет по водным ресурсам	P: 8 (701) 3767923 P: 8 (705) 4374321 E: ggmeak55@mail.ru
Эсанбеков Мейржан Юсупбекович	Заместитель директора, Южно-Казахстанская гидрогеологическая и мелиоративная экспедиция, Комитет по водным ресурсам	P: 8 (778) 6600973 E: meyr_1984@mail.ru
Уразкельдиев Абдулхамид	Главный инженер, Южводстрой	urazkeldiev@mail.ru
Тастанов Полатбай Жуматаевич	Заместитель начальника, Департамент сельского хозяйства, *Акимат* Южно-Казахстанской области	P: 8 (725) 2512170 E: dsh_uk@mail.ru

Приложение В

Миссия, апрель 2016 г.

Данное приложение включает информацию о миссии в апреле 2016 года в Астану, Шымкент и Шардару с целью начала процесса сбора данных.

18 апреля 2016 г., Астана
Комитет по водным ресурсам, Министерство сельского хозяйства РК

19 апреля 2016 г., Шымкент

- Подразделения Комитета по водным ресурсам
  - Местный *Казводхоз* (осуществляет управление водными ресурсами и водной инфраструктурой в Южном Казахстане)
  - Арало-Сырдарьинская бассейновая водная инспекция
  - Южно-Казахстанская гидрогеологическая и мелиоративная экспедиция
- *Акимат* Южно-Казахстанской области
  - Департамент сельского хозяйства
  - Департамент энергетики и коммунального хозяйства

20 апреля 2016 г., Шардара

- Шардаринское водохранилище
- Эксплуатация Кызылкумского канала

Приложение Г

Семинар с участием экспертов, сентябрь 2016 года

Цель

Целью данного приложения является представление выводов и рекомендаций по итогам семинара экспертов, проведенного в Астане, Казахстан, 15-16 сентября 2016 года. Первый день был посвящен проекту под названием «Усиление роли многоцелевой водохозяйственной инфраструктуры». Повестка дня 1 приведена ниже.

Выводы

- Было отмечено, что представленные презентации – и предварительные полученные данные, касающиеся действий по модернизации Кызылкумского канала, улучшению систем дренажа, расширению практики капельного орошения, модернизации систем питьевого водоснабжения и тарифной реформе для Шардаринской МЦВИ – были вполне обоснованными, интересными и полезными в связи с планированием инвестиций. Многие участники высказались положительно в отношении применения действий, сценариев и сюжетных линий
- Было отмечено, и участники приветствовали тот факт, что компьютерная модель, разработанная и использованная в данном проекте, будет доступной для широкого применения
- Было отмечено, что данная модель может быть использована в других МЦВИ в Казахстане (а также вне Казахстана)
- Было отмечено, что данная модель может быть использована для оценки последствий применения различных схем финансирования государственного бюджета
- Было отмечено, что данная модель может быть использована в дальнейшем в рамках осуществления Государственной программы управления водными ресурсами, принятой в 2014 году, которая среди прочего предусматривает сооружение 29 новых водохранилищ в Казахстане.

Рекомендации

- Использовать проект – и модель, разработанную и опобованную в проекте, – при планировании инвестиций в Казахстане на национальном на уровне, на уровне акиматов, водохранилищ или на уровне МЦВИ
    - Аналогичный проект целесообразно выполнить на других водохранилищах или МЦВИ в Казахстане, начиная с Капчагайского водохранилища, расположенного примерно в 60 км к северу от Алматы.
- Модель следует должным образом распространить с целью улучшения планирования инвестиций. В частности, было предложено следующее:
    - Модель следует сделать доступной через дружественный для пользователей веб-сайт с кокпитом (веб-панелями), где пользователь может делать определенный выбор, что позволяет использовать модель без установки какого-либо конкретного программного обеспечения на лэптопе (переносном компьютере) и представлять результаты в виде выбранных стандартных таблиц и схем
    - Необходимо провести обучение пользования моделью; участниками должны быть государственные служащие, исследователи и аспиранты.
- Модель предпочтительно назвать, используя [английское] обозначение WHAT-IF, означающее **W** = **В**ода, **H** = **Г**идроэнергетика, **A** = **С**ельское хозяйство, **T** = **И**нструмент, **I** = **И**нвестиции, **F** = **Ф**инансирование (т.е. Инструмент для инвестиций и финансирования водного хозяйства, гидроэнергетики и сельского хозяйства), что подчеркивает тот факт, что данная модель предназначена для водного хозяйства, гидроэнергетики и производства продовольствия
- Правительство Казахстана и международные организации могут обратиться в EC IFAS (Исполнительный комитет Международного фонда спасения Арала) для информирования о проекте и о модели WHAT-IF
    - ОЭСР было рекомендовано использовать эту модель в других странах Центральной Азии, в первую очередь в Кыргызской Республике для Токтогульского водохранилища и ГЭС, и Верхне-Нарынского каскада ГЭС.

Повестка

Повестка дня 1 семинара с участием экспертов, проведенного 15-16 сентября 2016 года в Астане, Казахстан:

Время	Сессия и презентация	Выступающие
9:00-9:30	Регистрация	
9:30-10:00	Открытие	
	Приветственная речь	г-н Даулетияр Сейтимбетов, Заместитель председателя Комитета по водным ресурсам Министерства сельского хозяйства РК
	О деятельности ОЭСР в Казахстане	г-н Александр Мартусевич, ОЭСР
	Представление участников	все участники

Время	Сессия и презентация	Выступающие
10:00-10:45	Методологические подходы, МЦВИ	
	Определения, действия и схема	г-н Йеспер Каруп Педерсен, COWI
	Вопросы и ответы	все участники модератор: г-н Александр Мартусевич, ОЭСР
10:45-11:30	Сценарии – относительно рекомендаций для политики	
	Сценарии для МЦВИ в Южном Казахстане	г-н Миккель Кроман, COWI
	Обсуждение рекомендаций в двух группах по: • секторам и видам культур; • необходимым действиям (в части инвестиций в Шардаринскую МЦВИ); • финансированию	все участники модераторы: г-н Александр Мартусевич, ОЭСР и Йеспер Каруп Педерсен, COWI
11:30-11:45	Кофе-брейк	
11:45-12:00	Краткий отчет об итогах обсуждений в группах	Председатели двух групп
12:00-13:00	Презентация модели	
	Основные характеристики разработанной модели – структура, требования к данным, интерфейс пользователя	г-н Миккель Кроман, COWI
	Вопросы и ответы	все участники модератор: г-н Йеспер Каруп Педерсен, COWI
13:00-14:00	Обед	
14:00-15:45	Международный опыт	
	МЦВИ в других странах – от критериев отбора до 15 практических примеров	г-н Адитья Суд, Международный институт управления водными ресурсами
	Обсуждение	все участники модераторы: г-н Александр Мартусевич, ОЭСР и Йеспер Каруп Педерсен, COWI
15:45-16:00	Кофе-брейк	
16:00-17:00	Закрытие	
	Подведение итогов, ключевые идеи, следующие шаги	г-н Миккель Кроман, COWI и Йеспер Каруп Педерсен, COWI
	Заключительное слово	все участники
	Заключительные положения	г-н Александр Мартусевич, ОЭСР

Приложение Д

Краткий обзор WHAT-IF

В настоящем приложении дается краткое описание компьютерной модели, которая была разработана в рамках настоящего проекта.

Введение

Общая цель

Модель WHAT-IF предназначена для содействия диалогу о водной политике с целью определения и приоритизации инвестиций и действий по управлению – обычно связанных с МЦВИ – в определенном речном бассейне. Для этого проводится оценка влияния определенных инвестиций и действий (мероприятий) на экономическую стоимость воды в бассейне – с разбивкой ожидаемой чистой выгоды по секторам (в первую очередь для гидроэнергетики и сельского хозяйства), по основным группам экономических агентов (производителям, потребителям и государствам) и по провинциям/регионам (или странам) данного бассейна.

Другими словами, общая цель заключается в том, чтобы рассматривать вопросы водной политики и исследовательские вопросы и давать на них ответы в связи с портфелем инвестиций (типы, размеры и сроки) и действиями по управлению (ценообразование на воду, земельная реформа, реформа энергетического рынка и т.д.), например:

- Что если мы хотим максимально увеличить экономическое благосостояние в речном бассейне в целом – Каковы в таком случае должны быть приоритетные инвестиционные проекты, связанные с МЦВИ?
- Что если мы хотим обеспечить максимальный излишек производителей в определенном секторе (напр., секторе гидроэнергетики) – Как это повлияет на излишек производителей в другом секторе (секторах) и на потребительский излишек?
- Что если мы хотим максимально увеличить экономическое благосостояние в речном бассейне при заданных гидрологических ограниченияхнеобходимости (напр., поддерживать определенный уровень воды в озере, или при заданных правилах вододеления между разными видами водопользования) – Как это повлияет на экономическое благосостояние всего бассейна, а также на экономическое благосостояние по странам или регионам и на излишке производителей и (или) потребителей?

- Что если мы хотим максимально увеличить экономическое благосостояние при заданных бюджетных ограничениях для капитальных затрат (CAPEX) и операционных затрат (OPEX)?
- Что если мы модернизируем существующие системы дренажа?
- Что если мы вложим больше инвестиций в новые технологии орошения, такие как капельное орошение?
- Что если мы сделаем акцент на инвестициях в оросительные каналы, которые доставляют поливную воду от водозабора и магистральных каналов до поля?
- Что если мы увеличм емкость существющих водохранилищ или построим новый магистральный канал?
- Что если мы повысим тарифы за подачу поливной воды и, тем самым, дадим владельцам инфраструктуры больше возможностей содержать ее должным образом и вкладывать в неё дополнительные инвестиции?
- Что если мы вложим инвестиции в расширение электроэнергетической системы посредством увеличения мощности ГЭС или строительства новой ТЭЦ?
- Что если мы проведем реформу энергетического рынка?
- Что если мы предположим, что некая страна хочет нанести максимально возможный ущерб другой стране данного бассейна – Насколько большим может быть этот ущерб?
- Что если мы внедрим определенные схемы компенсации – Сможем ли мы улучшить положение всех стран, регионов или секторов в данном бассейне?

Таким образом, модель WHAT-IF можно использовать как инструмент для предварительного анализа экономической целесообразности и приоритизации инвестиций в МЦВИ в речном бассейне и в то же время для **разработки схем компенсации и соглашений о распределении водных ресурсов (вододелении) и совместного использования преимуществ и выгод** странами, регионами и секторами в заданном речном бассейне.

Экономическое благосостояние в центре внимания

Таким образом, модель WHAT-IF представляет собой межсекторальную гидро-экономическую модель, предназначенную для секторов водного хозяйства, гидроэнергетики и сельского хозяйства (рынка продовольствия), включая принятие компромиссных решений касательно этих секторов. Это делается с точки зрения изменения экономического благосостояния, поскольку ключевая целевая функция этой модели предусматривает максимизацию экономического благосостояния с учетом определенных ограничений, таких как неизменный спрос на природные ресурсы (т.е. **обеспечение максимально высокой экономической ценности водных ресурсов, имеющихся при заданных ограничениях**).

Сценарии и сюжетные линии

Модель WHAT-IF может использоваться при создании и анализе сценариев и сюжетных линий, разработанных на основе определенных действий (т.е. действий по инвестициям и (или) по управлению) и выбранных критериев успеха.[1] Для определенного речного бассейна, как правило, будет использоваться 5-10 сценариев и 2-3 сюжетных линии; число определенных отдельных действий может составлять 15-20.

- Сценарий включает ряд определенных допущений, касающихся выбранных действий. Каждый простой сценарий будет включать одно и только одно действие и будет сравниваться со сценарием *в отсутствии новых действий* (обычный ход деятельности, или ОХД). В некоторых случаях лучше, если сценарии будут включать сразу несколько действий, напр., в случае, когда, как ожидается, два действия будут влиять друг на друга. Предположим, что у нас имеется два действия: очевидно, что должен быть сценарий, обеспечивающий возможность реализации обоих действий, в то же время будет интересно сравнить его с двумя сценариями, каждый из которых включает только одно из рассматриваемых двух действий, а также со сценарием в *отсутствии новых действий.* Необходимо также принять решение относительно временного интервала сценария
- Сюжетная линия – это просто группа взаимосвязанных сценариев. Каждая сюжетная линия должна излагать определенный сюжет, подчеркивая определенные вехи развития, изменения и воздействия (влияния). Порядок сценариев в сюжетной линии имеет первостепенное значение для сюжетной линии
- Сценарии и сюжетные линии можно моделировать в модели и компилировать в электронную таблицу результатов. Такая таблица включает сюжетные линии, показывая, каким образом будет меняться значение выбранных показателей (индикаторов) если предпринять различные комбинации действий.

В целом, синергию и взаимодействие между различными действиями и их влияние можно представить комплексно. Можно легко отследить изменения в экономическом благосостоянии, занятости, сельскохозяйственном производстве, выработке электроэнергии и т.д.

5 шагов: при использовании модели WHAT-IF необходимо выполнить 5 шагов, как показано на рисунке Д.1. Нет нужды напоминать, что активное участие ключевых заинтересованных сторон во всех шагах является важными, поскольку это является обязательным предварительным условием успеха проекта.

Рисунок Д.1. **Шаги в использовании модели WHAT-IF**

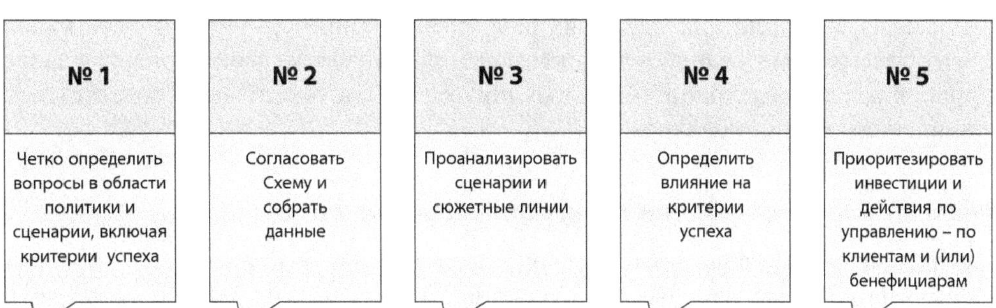

Источник: собственная разработка COWI.

Краткий обзор

Целевая функция

WHAT-IF используется для расчета экономического благосостояния в виде суммы излишка потребителей и производителей в соответствии с функцией спроса по Маршаллу. Целевой функцией модели является обеспечение максимального прироста экономического благосостояния.

Модель частичного равновесия

Модель может быть обозначена как *модель частичного равновесия* со сложным описанием гидрологии, сельскохозяйственного производства и производства электроэнергии.

Три типа переменных для решений

Модель представляет собой технико-экономическую модель оптимизации «снизу вверх», которая стимулирует принятие решений различными заинтересованными сторонами в речном бассейне. В широком смысле имеется три типа переменных для решений с использованием модели:

- **Землепользование и выбор набора выращиваемых культур:** фермеры сами определяют, какие культуры выращивать на конкретных орошаемых землях
- **Управление водохранилищем**: необходимо определить месячный сброс с тем, чтобы обеспечить баланс между объемом воды, используемым на орошение и на выработку электроэнергии
- **Выбор объемов воды для орошения:** выращиваемые культуры должны орошаться с использованием имеющейся воды, что может оказаться ниже оптимального для них уровня эвапотранспирации, что ведет к снижению урожайности культур или сокращению общей территории орошаемых земель, используемых для выращивания культур и сбора урожая.

Принципы Модели

Оптимизация зависит от ряда ограничений (напр., связанных с нехваткой воды или с определенными правилами вододеления), которые имитируют реальные ограничения в физических ответных действиях. Например, урожайность культур зависит от землепользования и водопользования, выработка электроэнергии зависит от уровня воды в водохранилище, моделируемый водоток должен соответствовать ограничениям водного баланса и т.д.

Основные допущения и анализ чувствительности

Ограничения в физических ответных действиях зависят от **данных** по гидрологии, использованию воды в сельском хозяйстве, энергетике, на нужды окружающей среды и других видов водопользования. Собранные данные дополняются **сценарными допущениями**, выбираемыми пользователем модели. Это отражает различные возможные **действия**, доступные для тех, кто принимает решения, напр., инвестирование в новую инфраструктуру, изменение налогообложения или функционирование различных сооружений. Сценарными допущениями также могут быть другие обстоятельства, напр., изменения климата. **Анализ чувствительности** с системой изменений в критических допущениях модели выполняют в форме анализа дополнительных сценариев.

Целевая функция и ограничения

Целевая функция включена в модуль благосостояния модели. Целевая функция оценивает экономическое благосостояние после принятия различных экономических действий, описанных в модели. Целевая функция работает вместе с рядом ограничений, которые ограничивают выбор переменных для решений (напр., вы не можете использовать больше воды, чем у вас имеется). Эти ограничения интегрированы в соответствующих модулях:

- **Модуль гидрологического (водного) баланса:** Водоток в реках и запасы воды водохранилищах с учетом соответствующих ограничений водотока в речной системе, задаваемых пользователем
- **Сельскохозяйственный модуль:** Оптимизация фермерами выбора –какие культуры выращивать и сколько воды использовать с учетом ограничений по водопользованию и землепользованию
- **Энергетический модуль:** Производство электроэнергии гидроэлектростанциями, оптимизация сроков использования воды из водохранилища, и экономическая стоимость произведенной электроэнергии, измеряемая как альтернативные затраты на производство тепловой энергии для замещения выработки электроэнергии на ГЭС.

Каждый из этих модулей реализуется в модели численной оптимизации. Поскольку задача оптимизации решается в отношении всех ограничений, модель находит интегрированное решение с учетом всех моделируемых эффектов.

Фискальные последствия

Модель сообщает о фискальных последствиях различных действий и сценариев. Учет производится для всех применимых налогов, субсидий, а также прибыли/дохода государственных и полугосударственных компаний, предоставляющих инфраструктурные услуги энерго- и водоснабжения. Следовательно, модель также будет учитывать инвестиции и изменение уровня услуг МЦВИ.

Обзор

Приведенный ниже рисунок Д.2 иллюстрирует взаимодействие различных частей модели.

Рисунок Д.2. **Обзор модели**

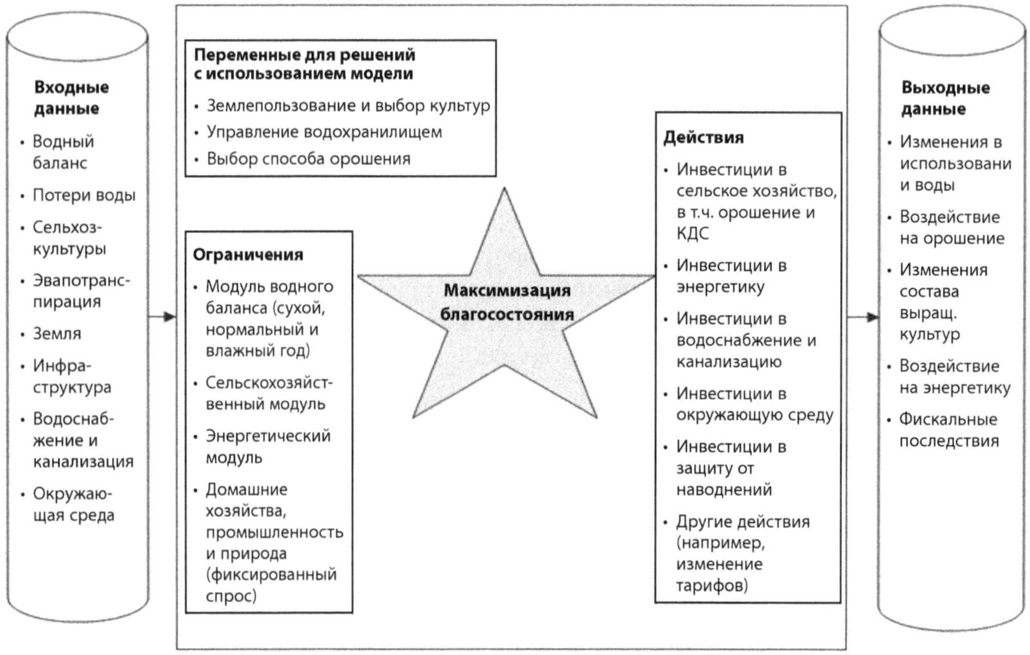

Источник: собственная разработка COWI.

Построение модели и ее функции

Возможности и применение

Данную модель можно использовать для экономического и функционального анализа МЦВИ и ее вклада в экономику и водную, продовольственную и энергетическую безопасность, т.е. для взвешенной оценки затрат и преимуществ водопотребления в различных секторах, а также для моделирования влияния отдельных действий, изменения политики и новых инвестиций в одном секторе на этот же сектор и на другие сектора и основные группы экономических агентов в каждом секторе (производители, потребители и государство (бюджет)).

Оптимизация снизу вверх

Как уже упоминалось, модель WHAT-IF представляет собой модель оптимизации снизу вверх, учитывающую тщательно отобранные технические и экономические и финансовые вопросы в сельском хозяйстве, водном хозяйстве и энергетике.

Адаптация модели

Кроме того, пользователь моделью имеет высокий уровень детального контроля целевой функции. Среди прочего пользователь может разрабатывать сценарии с учетом положительного сальдо только сельского хозяйства, не учитывая при этом сальдо энергетического сектора. Такой сценарий позволит получить результат, иллюстрирующий ситуацию, если энергетические вопросы не учитываются. И наоборот, можно не учитывать сальдо сельскохозяйственного производства и оптимизировать только положительное сальдо энергетического сектора. Такой сценарий покажет результат неучета интересов сельского хозяйства при принятии решений о сбросе воды из водохранилища. Также имеется возможность присвоить различные «веса» (в качестве приближенных значиний приоритетности) сельскому производству и энергетике, что позволяет различные комбинации учета факторов для каждого сектора.

Требования к компьютеру

Модель будет хорошо работать на вполне современных ПК, напр., на Pentium i3 модель позволит находить решения за 10-60 секунд в зависимости от параметров задачи и других технических характеристик. Для ускорения процесса можно использовать более быстрые системы. Требования в отношении оперативной памяти ПК (требуется не более 50-100 MB RAM) совершенно низкие по сравнению с современным оборудованием.

Требуемые данные

Если сравнивать например с многими гидрологическими моделями, эта модель использует относительно малый набор данных. Реку можно подразделить на малое число участков и створов (напр. 5) и сельское хозяйство представить зонами планирования сельского хозяйства (напр., примерно 5ю) с ограниченным числом культур в каждой зоне (напр., 5-10). Сток реки учитывается по месяцам для небольшого числа репрезентативных лет (напр., сухой, нормальный и влажный годы).

Простое подключение

Модель будет работать более или менее автономно, при условии наличия у пользователя рабочей версии программы цифрового моделирования GAMS. Для работы модели также требуется инсталляция MS Excel и MS Access. Модель предоставляется в zip-file, и ее можно установить в любом месте ПК пользователя.

Интерфейс пользователя

Входные данные

Входные данные для модели вводятся в электронную таблицу MS Excel, включающую 10-15 таблиц в зависимости от установленных границ и объема модели. Обычно каждая таблица имеет 10-15 строк и 10-15 столбцов (т.е. таблицы с входными данными хорошо видны на экране, и ими можно управлять). Как правило, такие таблицы изначально заполняет внешний Консультант, и затем их может проверять и изменять любой пользователь модели.

Сценарные допущения

Кроме того, сценарные допущения введены в другую электронную таблицу MS Excel, также содержащую 10-15 таблиц с дополнительными допущениями. Обычно такие таблицы содержат относительно простую информацию, например, норма экономической прибыли и норма финансовой прибыли, допущения в отношении чувствительности различных цен, финансирование пользователя, инвестиционную политику, характеристики работы водохранилища и т.д.

Допущения, организованные как «политика»

Все допущения организованы в виде так называемой «политики». Они могут основываться, например, на исходной или альтернативной политике инвестирования в строительство (модернизацию) каналов, водохранилищ, в ирригационное оборудование и т.д. или на политике в отношении приоритов водопользования в (самые) засушливые годы, отраженной в соответствующих правилах вододеления (распределения водных ресурсов) и т.д.

Сценарии комбинируют различные политики

Сценарии определяются пользователем как комбинации различных видов политики. Сценарии можно определить, используя графический пользовательский интерфейс в электронной таблице MS Excel. Этот интерфейс содержит различные ниспадающие меню для выбора политики, а также различные кнопки для запуска расчетов по модели, а также для создания, копирования и удаления сценариев.

Обобщенные и тематические электронные таблицы с результатами

Результаты представляются в третьей электронной таблице. Основные полученные данные (результаты) обобщенно представляются в виде обзорной таблицы, включающей несколько таблиц и рисунков, показывающих наиболее важные результаты. Кроме того, используется около 10 тематических электронных таблиц с более подробных описанием различных тем, таких как водотоки, производство электроэнергии, сельское хозяйство, водохранилища и т.д.

Сценарии, представленные в сюжетной линии

В электронных таблицах с результатами сценарии представляются в виде так называемых сюжетных линий, как описано в главе 1.

Модельные результаты в виде показателей

Сюжетные линии используются для всех показателей, представляющих модельные результаты. Показатели характеризуются, например, изменением экономического благосостояния, сельскохозяйственного производства и производства электроэнергии, водопользования и эффективности использования водных ресурсов и т.д. С учетом концепции сюжетных линий, вполне логично сравнить изменение различных показателей в ходе реализации различных видов политики в различных сюжетных линиях.

Доступность

Важно

Методика, расчеты и данные должны быть доступными и воспроизводимыми для любой заинтересованной стороны. Можно полагать, что это позволит усилить участие основных и второстепенных заинтересованных сторон в ходе и после реализации проекта, что в свою очередь улучшит понимание анализа такого типа и его результатов. Для этого модель, ее входные данные, принятые допущения и результаты моделирования должны быть максимально доступными.

Основные пользователи

В Казахстане основными потенциальными пользователями модели являются Министерство сельского хозяйства, КВР и «Казводхоз», другие министерства, вузы и научно-исследовательские институты.

Модель с открытым программным кодом

Модель включает входные данные, сценарий и электронную таблицу с результатами, а также примерно 15 простых текстовых файлов с кодом GAMS для модели. Все такие файлы представлены в виде открытого программного кода с использованием универсальной общедоступной лицензии GNU (GPL), версия 3.0.[2]

Отсутствие ограничений на использование, изменение или последующую передачу…

Любой автор кода модели или автор изменений имеет право собственности на внесенный им вклад, в то же время не может быть никаких ограничений на использование, изменение или последующую передачу модели или внесенных изменений. Изменения также должны передаваться в соответствии с лицензией GNU GPL 3.0. Таким образом, модель в любой ее версии остается в открытом доступе, и никакая сторона не может ввести ограничения на использование, изменение или последующую передачу модели.

… однако частные изменения могут оставаться частными

В то же время нет требований в отношении публикации и передачи изменений. Другими словами, если кто-то захочет сохранить свои изменения частными, лицензия позволяет это сделать. Лицензия предусматривает только, чтобы при передаче модели или изменений передающее лицо не ограничивало использование, изменение или последующую передачу изменений модели для пользователя. Т.е. после передачи изменений в модели другим сторонам, эти изменения также должны оставаться в открытом доступе.

Кому принадлежат данные?

Большинство данных, используемых в модели,[3] могут принадлежать различным государственным учреждениям и другим сторонам. Поскольку модель не является очень полезной без данных, для доступности важно, чтобы используемые данные можно было передавать заинтересованным сторонам. Для передачи данных вместе с моделью собственник данных должен выдать разрешение на передачу данных.

Общедоступные данные

Во многих случаях данные делаются общедоступными (т.е. размещаются на веб-сайте), в таком случае их можно беспрепятственно передавать вместе с моделью, обычно путем точного указания на источник (веб-сайт), а также с указанием всех изменений в данных. Те, кто передает данные, обычно следуют некой политике передачи данных, которую необходимо выполнять в рамках настоящего проекта.

Частные данные

В других случаях наилучшие имеющиеся данные могут являться собственностью организаций, которые, например, продают данные в целях получения прибыли, или же не могут передавать данные по другим причинам. Если невозможно получить разрешение собственника данных на их беспрепятственную передачу, необходимо искать другие пути. Передача данных может быть разрешена, если данные агрегированы или преобразованы иным образом. Если разрешение на передачу данных получить невозможно, такие данные просто нельзя использовать в настоящем проекте, не ставя под угрозу доступность результатов самого проекта. В таком случае предпочтительно использовать собственные допущения на основе наилучших имеющихся общедоступных данных.

Кому принадлежат допущения?

Допущения входят в состав работ, выполняемых Консультантом для Заказчика, т.е. они являются собственностью Заказчика. Для обеспечения доступа к результатам анализа Заказчик по своему усмотрению может передавать допущения (т.е. данные электронных таблиц для сценариев) в открытый доступ, используя для этого универсальную общедоступную лицензию Creative Commons,[4] и т.п.

Кому принадлежат результаты?

Как и в случае допущений, результаты (т.е. данные в электронной таблице с результатами) также входят в состав работ, передаваемых группой проекта Заказчику. Поскольку результаты можно получить, используя модель, входные данные и допущения, для обеспечения максимальной доступности вовсе необязательно, чтобы результаты становились общедоступными и т.п. Если результаты не делают общедоступными, возможно, потребуется лицензировать данные, характеризующие результаты, без каких-либо ограничений в отношении их распространения, однако должны быть введены ограничения в отношении их изменения и цитирования, напр., введена общедоступная лицензия Creative Commons, включающая условие «без права на изменения» (No-derivative).

Другие административные вопросы

Исходные и операционные затраты

Модель сама по себе не предусматривает исходных или операционных затрат. Находясь в открытом доступе, она предоставляется бесплатно. То же самое касается данных и допущений, которые передаются на условиях бесплатной лицензии.

Стоимость лицензии

Основной частью модели является язык программирования GAMS для численной оптимизации. Данные и результаты хранятся в программе MS Access и MS Excel. Для выполнения операций по моделированию с использованием модели пользователю потребуется лицензия на систему GAMS, а также на MS Excel и MS Access. Лицензия на GAMS стоит 3 200 долл. США для базовой системы и 3 200 долл. США для соответствующей решающей программы (для данной модели необходимо использовать нелинейные решающие программы CONOPT, MINOS5 и

IPOPT, ранее была подтверждена их пригодность для работы с моделью). Лицензия на GAMS является постоянной, однако вначале она выдается определенному лицу. Стоимость пакетов MS Excel и MS Access может варьироваться в зависимости от страны пользователя.

Местонахождение сервера/затраты

Предыдущий опыт показал, что можно установить версию модели WHAT-IF на сервере, подключенном к Интернету, и дать пользователю возможность создания и моделирования сценариев на данном сервере, и скачивания электронных таблиц с результатами. Данная возможность не вошла в настоящий проект и не была использована в его рамках.

Примечания

1. См. главу 2.
2. www.gnu.org/licenses/gpl-3.0.html.
3. В электронных таблицах имеется четкое разграничение – или определения объема прав интеллектуальной собственности (ПИС) – между моделью (которая также включает входные данные, сценарий и выходные электронные таблицы с результатами) и ее данными и допущениями с использованием различного форматирования. В целом, «формулы» считаются «моделью», а «необработанные цифры» считаются «данными». Электронные таблицы в модели также включают таблицы с метаинформацией для описания ПИС на данные.
4. https://creativecommons.org/licenses/.

Приложение Е

Данные

В настоящем приложении приводится обзор данных, собранных в ходе проекта.

1. Водный баланс

Специалисты-гидрологи из Арал-Сырдарьинского бассейна инспекции дали согласие на выбор следующих лет для анализа проекта:

- 2010 – засушливый год
- 2012 – нормальный (обычный по водности) год
- 2015 – многоводный (влажный) год.

Данные о водном балансе за соответствующие годы (в том числе об объемах инфильтрации, испарения, экологического стока) были представлены для следующих речных створов (сегментов) реки в зоне ответственности Инспекции бассейна Арал-Нижняя Сырдарья:

- Среднее течение реки Сырдарья (от Кокбулакского гидрологического поста до Шардаринского водохранилища)
- Водный баланс Шардаринского водохранилища
- Нижнее течение реки Сырдарья в Южном Казахстане (от Шардаринского водохранилища до гидрологического поста Коктобе)
- Нижнее течение реки Сырдарья в Кызылординской области (от гидрологического поста Коктобе до Северного Арала). Других детальных данных с разбивкой по речным створам в Кызылорде не представлено.

По данным бассейновой инсепекции и Комитета по водным ресурсам Министерства сельского хозяйства РК, документов с расчетом водного баланса по месяцам нет.

Имеются ретроспективные ежемесячные данные за 1970, 1980 и 1990 годы. Однако имеются трудности в экстраполяции данных за эти годы на аналогичные гидрологические условия, учитывая серьезные изменения в структуре землепользования и старение инфраструктуры. Были получены ежемесячные данные о выпуске воды из Шардаринского водохранилища.

2. Схема

Схема, представленная в главе 3, была составлена на основании схем для конкретных сегментов реки, полученных из Инспекции бассейна и института «Казгипроводхоз», а также после консультаций с выбранными экспертами.

3. Землепользование

Информация о землепользовании (для указанных гидрологических годов) в Южно-Казахстанской области была обобщена Экспедицией гидрогеологии и мелиорации Южного Казахстана (отчетные данные для Комитета по водным ресурсам): данные о землепользовании, полученные при анализе водоснабжения, и данные, предоставленные Отделом сельского хозяйства в Акимате Южно-Казахстанской области. Подробные данные о землепользовании с разбивкой по видам выращиваемых культур в сельскохозяйственных зонах представлены в главе 3. Она также включает информацию о водопотреблении с разбивкой по сельскохозяйственным зонам и основным культурам.

Информация о землепользовании в Кызылординской области приводится по районам (административным единицам области), то есть ее следует агрегировать по сельскохозяйственным зонам, указанным в главе 3. В нем также содержится информация о потреблении воды сельскохозяйственными культурами.

4. Качество земель

Благодаря Экспедиции гидрогеологии и мелиорации Южного Казахстана были получены надежные данные относительно уровня засоленности, уровня подземных вод и минерализации в Южно-Казахстанской области – в конкретных сельскохозяйственных зонах.

Для Кызылординской области были получены областные данные: уровень засоленности земель, уровня подземных вод и минерализации.

5. Культуры

Данные о продуктивности культур и нормах орошения имеются для каждого района в Кызылординской области и для каждой сельскохозяйственной зоны в Южно-Казахстанской области. Фактическая информация отсутствует, и ее можно рассчитать по землепользованию и продуктивности земель/урожайности культур (информацию также можно получить на сайте stat.gov.kz, однако она не является подробной и не отвечает потребностям данного проекта).

Для Южно-Казахстанской области была представлена информация о ценах на культуры и подробные данные о производственных затратах; для Кызылординской области был направлен запрос о получении данных в Комитет по водным ресурсам.

6. Ирригационная инфраструктура

Общая информация о системе каналов и коллекторно-дренажных системах была получена от Южно-Казахстанской Экспедиции по гидрогеологии и мелиорации. Конкретная информация была предоставлена в отношении использования Кызылкумского канала. Были получены данные об общем состоянии (степени износа) некоторых элементов инфраструктуры, способам орошения и их эффективности по зонам планирования. Однако никаких данных о капитальных и эксплуатационных расходах не было (эта информация была запрошена; в качестве альтернативы для оценки ситуации можно использовать сравнительный анализ на основе IDIP-2). Имеющиеся данные включали данные о методах орошения в разрезе орошаемых массивов, и их эффективности.

7. Водопользователи

Как отмечено выше, имеются данные для анализа водопотребления в каждой системе орошения Южно-Казахстанской области; в то же время данные по Кызылординской области с разбивкой по зонам орошения получены не были.

Потребности рыбных хозяйств в целом выделяются в виде отдельного компонента в водном балансе. Был направлен запрос о предоставлении более подробной (по сельскохозяйственным зонам) информации по каждому водозабору для коммерческих рыбных хозяйств в Кызылординской области, но данные получены не были.

Экологические потребности указаны в целом в виде отдельного компонента водного баланса. В то же время был направлен запрос о предоставлении более подробных данных о водозаборе (по сельскохозяйственным зонам) на экологические потребности в Кызылординской области. Некоторые предположения были сделаны на основе информации по наличию озер, образовавшихся благодаря дренажно-коллекторным системам.

Что касается данных о питьевом и промышленном водоснабжении в Южно-Казахстанской области, в большинстве городских и сельских населенных пунктов используются подземные воды. Соответствующий запрос о предоставлении данных был направлен в Отдел по энергетике и коммунальному хозяйству Акимата Южно-Казахстанской области (отвечает за несколько районов) для полного картирования источников водоснабжения и водопотребления («Южводстрой», ответственный за групповые водопроводы, предоставил данные по 6 районам).

ОРГАНИЗАЦИЯ ЭКОНОМИЧЕСКОГО СОТРУДНИЧЕСТВА И РАЗВИТИЯ

ОЭСР представляет собой уникальный форум, в рамках которого правительства совместно работают над решением экономических, социальных и экологических проблем, возникающих в условиях глобализации. ОЭСР также находится на переднем плане усилий, направленных на обеспечение понимания новых тенденций и оказание помощи правительствам в решении связанных с этим задач, таких как корпоративное управление, информационная экономика и проблемы стареющего населения. Организация предоставляет площадку, где правительства могут обмениваться своим опытом в области экономической политики, вести поиск решения схожих проблем, узнавать о положительном опыте других стран и координировать свою национальную и внешнюю политику.

К числу членов ОЭСР относятся Австралия, Австрия, Бельгия, Великобритания, Венгрия, Германия, Греция, Дания, Израиль, Ирландия, Исландия, Испания, Италия, Канада, Корея, Ла́твия, Люксембург, Мексика, Нидерланды, Новая Зеландия, Норвегия, Польша, Португалия, Словацкая Республика, Словения, Соединенные Штаты Америки, Турция, Финляндия, Франция, Чешская Республика, Чили, Швейцария, Швеция, Эстония и Япония. В работе ОЭСР также принимает участие Европейский Союз.

Издательство ОЭСР распространяет среди широкого круга пользователей статистическую информацию, собранную Организацией, и результаты исследований на экономические, социальные и экологические темы, а также конвенции, руководства и стандарты, принятые странами-членами.

OECD PUBLISHING, 2, rue André-Pascal, 75775 PARIS CEDEX 16
(42 2018 02 8 P) ISBN 978-92-64-31005-6 – 2018

www.ingramcontent.com/pod-product-compliance
Lightning Source LLC
LaVergne TN
LVHW080654011026
849160LV00014B/1426